Richtig schreiben – aber sicher 2

60/30/10 – Mit Strategien Rechtschreibfehler vermeiden

Jutta Streer
Gerald Streer
unter Mitwirkung
von Kerstin Weidner

Ernst Klett Schulbuchverlage
Stuttgart · Leipzig

Inhalt

Liebe Kolleginnen und Kollegen, liebe Eltern,

mit Hilfe der Reihe „Richtig schreiben – aber sicher" geben Sie Ihren Schülerinnen und Schülern bzw. Ihren Kindern Strategien zur Rechtschreibung an die Hand. Rechtschreibung wird über diese Strategien greifbar und begreifbar und somit in einem überschaubaren Rahmen erlernbar. Die Materialien lassen sich, wie positive Erfahrungen bei Projekten an mehreren Schulformen zeigen, für ein grundlegendes systematisches Rechtschreibtraining im Klassenverband einsetzen, sie eignen sich aber ebenso für die außerschulische Förderung und für die individuelle Aufarbeitung von Rechtschreiblücken zu Hause. Schülerinnen und Schüler, die die Strategien aus Heft 1 kennen, sollten zunächst in einem kurzen Grundkurs (S. 8–17) ihre Kenntnisse rekapitulieren. Falls Strategien noch nicht bekannt sind, ist dieser Grundkurs unter Anleitung <u>Voraussetzung</u> für die weitere Arbeit. Je nach Schulform und Selbstständigkeit kann auch weiterhin eine begleitende Unterstützung sinnvoll oder sogar notwendig sein. Eine solche Begleitung gelingt auch Eltern ohne spezielle Vorkenntnisse leicht, denn jeder Schritt wird durch leicht verständliche Tipps erklärt. Die Lösungsseiten geben zusätzliche Orientierung. Der leicht verständliche Weg zum Lernziel, das selbstständige Vorgehen in kleinen Schritten und die ständige Wiederholung der Strategien vermitteln Schülerinnen und Schüler das Gefühl, sicherer zu werden und selbst etwas bewirken zu können, die Selbstkontrolle verringert die Angst vor Blamage. Der schnell spürbare Rückgang der Fehlerzahl schafft Selbstvertrauen und Motivation – eine wichtige Voraussetzung, einen Teufelskreis von Versagen, Ausweichen und neuem Versagen zu durchbrechen.

Erläuterung der Strategien

Überblick: Die Strategien und die dazugehörigen Proben

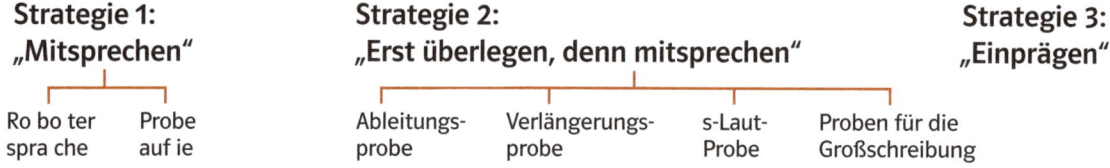

Die Materialien greifen neueste Erkenntnisse aus der Gedächtnisforschung über den Prozess des Schreibenlernens auf: Die Speicherung eines Wortes gelingt umso schneller und nachhaltiger, je besser es die Schülerin und der Schüler mit bereits vorhandenen Fertigkeiten bzw. Kenntnissen vernetzen kann. Bei etwa 90 % aller Wörter des deutschen Wortschatzes stellen die beiden übergreifenden Strategien „Mitsprechen" und „Erst überlegen, dann mitsprechen" mit ihren Proben eine solche Vernetzungsmöglichkeit dar. Die Proben sind eine Art „Werkzeug", das Schülerinnen und Schüler normalerweise bei sich tragen und aus eigener Kraft einsetzen können. Schüler sind z.B. im Normalfall in der Lage, ein Wort langsam und deutlich – wie ein Roboter – in Silben zu sprechen und dabei genau auf die Laute zu hören **(Strategie 1)**, bei bestimmten Alarmzeichen verwandte Wörter wie etwa die Pluralform oder den Infinitiv zu suchen oder den Artikel vor ein Wort zu setzen **(Strategie 2)**. Bisher versuchten Schüler meist, sich schwierige Wörter durch abstrakte Regeln oder mechanisches Schreiben zu merken. Mit Hilfe der Strategien lernen sie, bestimmte Buchstaben als „Alarmsignale" für Gefahrenstellen zu erkennen und dann an einem Wort zu „basteln": Sie gliedern es, verlängern, leiten ab, sprechen dabei überdeutlich mit und hören genau hin. Sie betrachten dabei das Wort mit mehreren Sinnen von allen Seiten und können damit Fehlern während des Schreibens vorbeugen, bzw. sie im Nachhinein korrigieren, bis sich allmählich eine Automatisierung vollzogen hat. Bei nur etwa 10 % aller Wörter reichen diese beiden Strategien nicht aus. Der Schüler muss sich solche Ausnahmen wie Vokabeln einer Fremdsprache einprägen **(Strategie 3)**. Auch bei Wörtern, deren Aussprache oder Bedeutung dem Schüler bisher fremd sind, ist der Einsatz von Strategien hilfreich: Er/sie sollte diese Wörter zunächst durch die Ro bo ter spra che im Gedächtnis verankern, sie in einem Vokabelheft oder der Lernkartei aufschreiben und anschließend mehrfach mündlich und schriftlich überprüfen.

Aufbau der Materialien „Richtig schreiben – aber sicher"

In einem kurzen Grundkurs (S. 8–17) werden die Strategien und ihr Werkzeug, die Proben, noch einmal vorgestellt und geübt, ihre Anwendung in Kürze erarbeitet (s. auch Heft 1). Die eigene Fehleranalyse lässt bei der Auswahl des Übungsstoffs eigene Schwerpunkte setzen.

Jede Doppelseite ist eine in sich abgeschlossene Einheit. Die einzelnen Kapitel haben meist die gleiche Struktur: Zunächst wird ein Text (120 bis 150 Wörter) vorgestellt, an dessen Wörtern die Strategien trainiert werden sollen. Im ersten Teil steht das Schwerpunktthema im Vordergrund, danach wird die Schreibweise weiterer Wörter anhand bereits erlernter Strategien erarbeitet. Als Vertiefung und Motivation ist die Knobelaufgabe in jedem Kapitel gedacht. Erst wenn man die Wörter mit Hilfe der Strategien schreiben kann, erfolgt als Kontrolle das Diktat, oft in Form eines Partnerdiktats, bei dem beide noch einmal gezielt die eingeübte Strategie anwenden. Dieses Diktat am Ende jedes Kapitels, die Lösungsseiten und die nochmalige Anwendung der Strategien bei der Berichtigung (s. Modell für Berichtigung und Fehleranalyse, hintere Umschlaginnenseite) ermöglichen die Selbstkontrolle und die Aufarbeitung noch vorhandener Lücken. Auch die Liste der geübten Wörter auf S. 56–58 dient der vertiefenden Wiederholung der Strategien.

Wie schon in Heft 1 wird die Anwendung der Strategien systematisch trainiert. Im vorliegenden Heft soll der Schüler darüber hinaus lernen, selbstständig die Gefahrenstellen eines Wortes der geeigneten Strategie zuzuordnen. Bei Wörtern mit s-Lauten können sich bei der Wahl der Strategien regionale Unterschiede ergeben (s. Heft 1): Wenn die Schülerin oder der Schüler s und ß unterschiedlich ausspricht, also s summt (Ha se) und ß zischt (Stra ße), hilft Strategie 2. Hört er/sie dagegen bei sich keinen Unterschied, sollte er/sie sich die etwa 40 Wortfamilien mit ß einprägen. Im vorliegenden Heft lernen die Schüler durch zwei zusätzliche Proben „ss" und „ß" sowie „das" und „dass" zu unterscheiden. Während in Heft 1 die Wörter meistens nur eine Gefahrenstelle aufweisen, ist das Wortmaterial in Heft 2 komplexer. Die Schüler werden Schritt für Schritt dazu angeleitet, selbstständig auf verschiedene Gefahrenstellen bei demselben Wort mit unterschiedlichen Strategien zu reagieren. Ziel ist es, dass Schülerinnen und Schüler für Gefahrenstellen sensibilisiert werden und sich zu helfen wissen. Dabei hängt es natürlich von der Rechtschreibsicherheit ab, ob ein Wort Fehlermöglichkeiten birgt. Doch auch die Anwendung der Strategien bei vertrauten Wörtern ist sinnvoll, denn sie automatisiert das Vorgehen und bereitet auf ähnliche Gefahrenstellen vor.

Hinweise zum Umgang mit den Materialien

Es empfiehlt sich,

• konsequent darauf zu achten, dass Schüler beim Strategietraining auch wirklich überdeutlich in Silben sprechen und genau hinhören bzw. das Lernwort in Sprechsilben schreiben,

• während des Schreibens und im Anschluss daran <u>genügend Zeit</u> für die Anwendung der Strategien zur Verfügung zu stellen und die vom Schüler selbst gefundenen Fehler grün markieren zu lassen, damit er/sie die positive Auswirkung einer sorgfältigen Selbstkontrolle selbst erlebt,

• die vielfältigen Übungsmöglichkeiten dieses Heftes vorab zu besprechen und jeweils am konkreten Beispiel praktisch einzuüben,

• auf die gewissenhafte Aufarbeitung der Fehler zu achten,

• den Schüler und die Schülerin immer wieder zu bestärken, Rechtschreibung regelmäßig und konsequent zu trainieren und dabei die gelernten Strategien anzuwenden, z.B. sich beim Schreiben die Wörter in Silben getrennt innerlich vorzusprechen,

• deutlich zu machen, dass schnelle Erfolge in der Regel nicht möglich sind. Um eine positive Einstellungsveränderung zu erzielen, wäre es wünschenswert, dass allein schon die Bereitschaft, etwas gegen die eigenen Fehler zu tun, anerkannt wird und auch kleine Fortschritte wahrgenommen und positiv kommentiert werden.

Ziel der Materialien ist es, Schülerinnen und Schüler für Gefahrenstellen in Wörtern zu sensibilisieren, ihnen Strategien zu vermitteln, wie sie selbst aktiv Fehler verhindern können, und bei ihnen die Bereitschaft zu entwickeln, diese Strategien beim Schreiben auch tatsächlich anzuwenden.

Allerlei nützliche Tipps fürs Üben

Sich Wörter durch eine gut lesbare Schrift leichter einprägen:
Eine flüchtige und unklare Schrift macht es schwer, sich Wörter gut zu merken. Überprüfe mit einer Partnerin/einem Partner die Lesbarkeit deiner Schrift.
• Diktiert euch gegenseitig zehn schwierige Wörter.
• Betrachtet gemeinsam eure Schrift. Überlegt, bei welchen Wörtern das Einprägen leichtfällt. Kreist sie mit Bleistift ein. Begründet, was euch an der Schrift gefällt.
• Schreibt zehn schwierige Wörter in gut lesbarer Schrift auf. Begutachtet gemeinsam die Schrift.

Selbstdiktat:
• Lies zuerst den gesamten Text, damit du den Inhalt kennst.
• Teile den ersten Satz durch Schrägstriche in sinnvolle Wortgruppen ein.
• Lies den ersten Satz in der Ro bo ter spra che. Präge dir die erste Wortgruppe ein.
• Schreibe sie auswendig auf. Sprich in der Ro bo ter spra che mit. Schreibe langsam und gut leserlich. So machst du Wortgruppe für Wortgruppe weiter.
• Nach dem Diktat kontrollierst du dich selbst und berichtigst deine Fehler (s. S. 7).

Kassettendiktat: Sprich den Diktattext besonders langsam und deutlich – wenn du möchtest in der Ro bo ter spra che – auf eine Kassette. Höre dir die Aufnahme an und schreibe nach deinem eigenen Diktat. Du kannst zurückspulen, wenn es notwendig ist.

Partnerdiktat – Sonderform: Kommentiertes Diktat

Partner A	Partner B
Schritt 1: **Partnerdiktat:** Lies den ersten Satz laut vor. Teile ihn in Gedanken in Wortgruppen von zwei bis vier Wörtern auf. Diktiere die erste Wortgruppe usw. **Kommentiertes Diktat:** Du weist auf Gefahrenstellen („Achtung! s-Laut!") oder Strategien hin („Verlängerungsprobe!").	**Schritt 2:** Schreibe die erste Wortgruppe auf, dann die zweite … Sprich dabei deutlich in der Robotersprache mit. Bei schwierigen Stellen darfst du nachfragen. Schreibe auf deinem Blatt nur in die 2., 4., 6. Zeile. Die Zeilen dazwischen bleiben frei.
Schritt 3: Sieh beim Schreiben zu und vergleiche mit dem Ausgangstext. Wenn du einen Fehler entdeckst, sage sofort: „Halt!".	**Schritt 4:** Streiche das falsch geschriebene Wort durch und schreibe es richtig darüber.
Schritt 5: Lies nach dem Diktat den gesamten Text noch einmal langsam vor.	**Schritt 6:** Lies deinen geschriebenen Text noch einmal Wort für Wort mit und korrigiere, wenn nötig.
Schritt 7: Kontrolliert gemeinsam das Diktat. Berichtigt alle Fehler (s. S. 7).	

Ro bo ter dik tat: Du sprichst wie ein Ro bo ter übertrieben deutlich und langsam, damit deine Partnerin möglichst alle Wörter richtig schreibt.

Wichtige Regeln für alle Formen der Partnerdiktate:
• Jeder ist Fehlervermeidungshelfer, nicht besserwisserischer Oberlehrer.
• Einigt euch, wer zuerst diktiert und schreibt. Wechselt euch nach der Hälfte ab.
• Du sagst, wie ein Wort geschrieben wird. Du sagst nicht, wie es **nicht** geschrieben wird.
• Beide Partner unterzeichnen das Diktat. Die Fehlerzahl gilt für beide.

• **Wortgitter**
Lege ein Blatt mit Rechenkästchen, einen Bleistift und ein Radiergummi bereit. Schreibe die Wörter, die du dir einprägen möchtest, waagerecht und senkrecht so auf, dass die Form eines Kreuzworträtsels entsteht.

Kontrolle und Berichtigung (nach dem Check)

Selbstkontrolle
• Kontrolliere dich schon beim Schreiben, indem du Strategien anwendest.
• Gehe den gesamten Text nach dem Schreiben noch einmal mit Hilfe mindestens einer der bereits erlernten Strategien durch.
• Endkontrolle: Vergleiche Wort für Wort. Halte dazu den linken Zeigefinger unter das Wort der Vorlage, den rechten unter das von dir geschriebene Wort.

Berichtigen
• Wenn du bei der Selbstkontrolle einen Fehler entdeckt hast, streichst du das Wort durch und schreibst es richtig darüber.
• Trage die falsch geschriebenen Wörter – richtig geschrieben – in eine Rechtschreibkartei ein (s. Stichwort).
andere Möglichkeit: Kopiere das Modell für Berichtigungen (hintere Umschlaginnenseite).
Trage dort die Wörter unter den passenden Strategien ein.

Eine Rechtschreibkartei anlegen
Sammele deine Fehlerwörter (z. B. aus Diktaten und Aufsätzen) in einer Rechtschreibkartei.
• Du brauchst dazu einen Karteikasten oder eine Schachtel, die du in die drei Fächer „Neue Wörter", „Wörter zum Üben" und „Gelernte Wörter" unterteilst, und etwa 200 Kärtchen.
• Schreibe deine Fehlerwörter – richtig geschrieben – auf je ein Kärtchen. Schreibe „Wörter zum Mitsprechen" in der Ro bo ter spra che auf. Bei Wörtern zu „Erst überlegen, dann mitsprechen" wendest du die passende Probe an. „Wörter zum Einprägen" schreibst du richtig auf. Ergänze, wenn möglich, Wortverwandte. Unterstreiche jeweils den schwierigen Buchstaben.
• Ordne jedes neue Wort im ersten Fach unter „Neue Wörter" ein.

Mit der Rechtschreibkartei üben
• Lies das Wort auf dem Kärtchen laut und präge es dir ein. Drehe die Karte um.
• Schreibe das Wort auswendig auf. Sprich dabei in der Ro bo ter spra che mit.
• Vergleiche das Wort mit der Vorlage. Wenn es richtig ist, stellst du das Kärtchen ins zweite Fach „Wörter zum Üben". Wenn nicht, kommt das Kärtchen wieder ins erste Fach zurück.
• Die Kärtchen im zweiten Fach lässt du dir nach kurzer Zeit diktieren. Je nach richtiger oder falscher Schreibweise wird es alphabetisch unter „Gelernte Wörter" eingeordnet oder bleibt im zweiten Fach. Nach einigen Wochen solltest du auch die „Gelernten Wörter" noch einmal wiederholen.

Hallo, liebe Schülerinnen und Schüler!

Ich heiße Robby, bin ein Roboter und begleite dich durch dieses Heft. Mit insgesamt nur drei Strategien wirst du ganz schnell sehr viele Rechtschreibfehler los. Du glaubst es nicht? Wusstest du schon…?

So kannst du die Wörter der deutschen Sprache richtig schreiben:

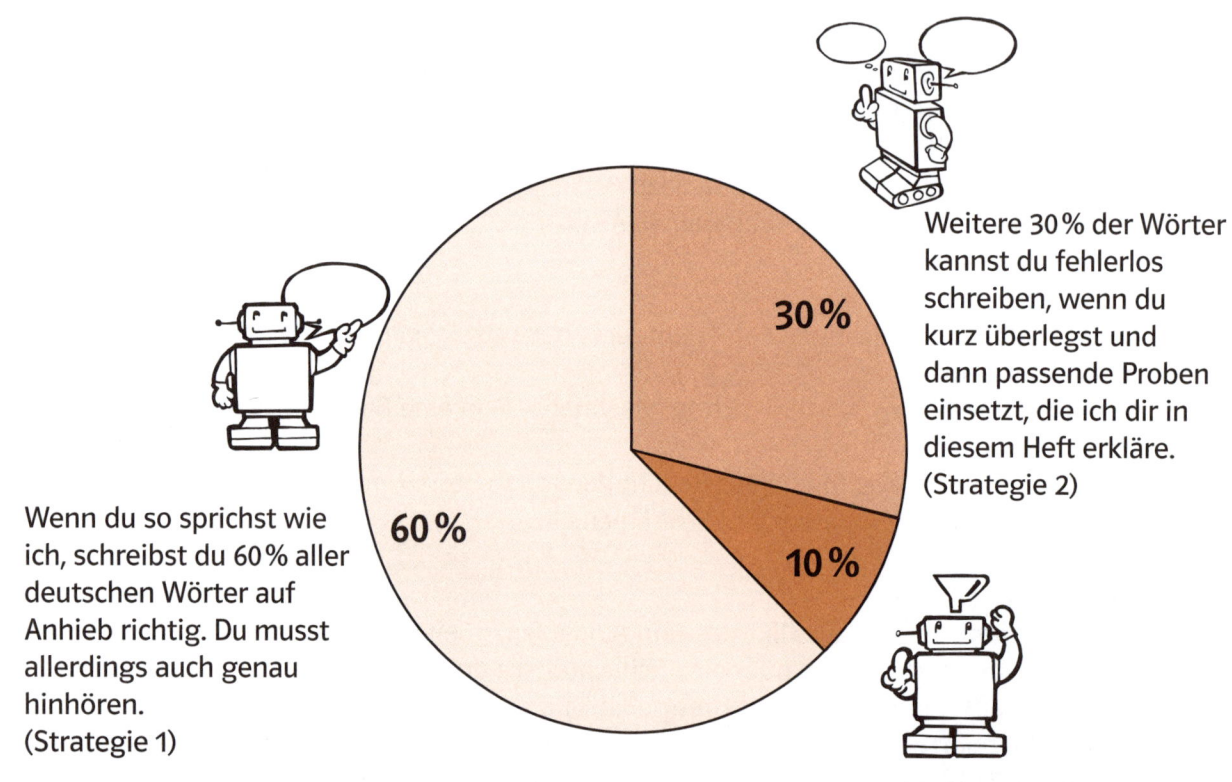

Weitere 30 % der Wörter kannst du fehlerlos schreiben, wenn du kurz überlegst und dann passende Proben einsetzt, die ich dir in diesem Heft erkläre.
(Strategie 2)

Wenn du so sprichst wie ich, schreibst du 60 % aller deutschen Wörter auf Anhieb richtig. Du musst allerdings auch genau hinhören.
(Strategie 1)

Jetzt bleiben nur noch 10 % übrig. Diese Wörter musst du dir wie Vokabeln einer Fremdsprache einprägen.
(Strategie 3)

Also: 90 % aller Wörter kannst du alleine packen. Du brauchst nur deine Stimme, gute Ohren und etwas Training im Umgang mit den Strategien.

Du wirst sehen: „Richtig schreiben – aber sicher" macht dich sicherer.

Drei Strategien helfen mir, richtig zu schreiben:

Strategie 1: Mitsprechen
(etwa 60 % aller Wörter)

- **Probe: In der Ro bo ter spra che lesen und schreiben**
  Beispiel: Was ser rut sche; ge sche hen; mec kern (ck=kk)

- **Probe auf ie: „Steht der i-Laut am Ende der Silbe?**
  Und kann ich den i-Laut wie ein Gummiband dehnen?"
  Beispiel: Rie se → Riiiiiie se

Strategie 2: Erst überlegen, dann mitsprechen
(etwa 30 % aller Wörter)

- **Ableitungsprobe**
  – bei e/ä und eu/äu: „Gibt es Wortverwandte mit a und au?"
  Beispiel: Ställe → Stall, aber: Stelle → kein Wortverwandter
          Sträucher → Strauch, aber: streuen → kein Wortverwandter
  – bei Verbformen auf -t: Wir-Form bilden
  Beispiel: er steht → wir ste hen; er rannte → wir ren nen

- **Verlängerungsprobe**
  – bei b/p, d/t g/k am Silbenende
  Beispiel: lieb → lie ber, aber: Typ → Ty pen
          Bad → Bä der, aber: sie bat → wir ba ten
          klug → klü ger, aber: Spuk → spu ken

  – bei Doppelkonsonanten am Silbenende
  Beispiel: Schiff → Schif fe; hell → hel ler

- **s-Laut-Probe: s, ß oder ss? → Mitsprechen und Tasten, Verlängern und Einprägen**
  Beispiel: Ha se; Stra ße; Kas se

- **Proben für die Großschreibung → Anfass-Probe, Artikel-Probe, Endbaustein-Probe**
  (Wörter auf -heit, -keit, -nis, -tum, -ung, -schaft)
  Beispiel: Fußball 🖐 ; die Ferien; Dunkelheit

Strategie 3: Einprägen
(etwa 10 % aller Wörter)

Beispiel: Wörter mit unhörbarem h (z. B. fahren); Wörter mit Doppelvokal (z. B. Moos);
Wörter mit v (z. B. Vase, Vorsilben ver-, vor-, viel-, voll-); bei gleicher Aussprache von s-Lauten: Wörter
mit ß (z. B. heißen); Fremdwörter (z. B. Fan); Ausnahmen (z. B. Bär → kein a-Verwandter;
Radieschen → ie nicht am Ende der Silbe)

Mit Strategien arbeiten

Gefahrenstellen den Strategien zuordnen

1 Der Tipp zeigt dir, wie du die Strategien anwenden kannst. Die Gefahrenstellen sind markiert. Sprich die Wörter so, dass du die schwierigen Buchstaben hörst.

> *Strategie 1:   auffordern → auf for dern (Ro bo ter spra che)*
> *bedienen → be die nen (Probe auf ie)*
> *Strategie 2:   Räume → Raum (Ableitungsprobe)*
> *(sie) leiht → wir lei hen (Ableitungsprobe)*
> *(er) schrieb → wir schrie ben (Verlängerungsprobe)*
> *Knall → wir knal len (Verlängerungsprobe)*
> *sie fraßen → fra ßen (s-Laut-Probe)*
> *Hunger → der Hunger (Artikel-Probe)*
> *Strategie 3:   Handicap →: Einprägen*

- Schreibe die folgenden Wörter in der Wörterbox im Heft untereinander. Wende für die unterstrichenen Gefahrenstellen Strategien wie im Tipp an. Sieh auf S. 9 nach, wenn du unsicher bist.

Wörterbox

auffangen, erschrocken, sprühen, Mitglieder, färben, Gebäude, (es) knarrt, (sie) bestellte, Urlaub, Rekord, Zug, Brett, Rasen, aßen, Wut, Tapferkeit, Lehm

---

Wort mit Gefahren-stelle	Anwendung der Strategie	Nummer der Strategie	Name der Probe
auffangen	*auf fan gen*	*1*	*Ro bo ter spra che*

2　Lerne auf S. 9 die Strategien und die dazugehörigen Proben auswendig.

3　Überprüfe deine Kenntnisse der Strategien und ihrer Proben durch einen Check:
Check „Strategien". Ergänze die fehlenden Wörter.

1. Die **drei Strategien** heißen: 1. _____ 2. _____ _____ 3. _____	2. „Mitsprechen": Ich lese und schreibe in der _____ - *spra che.*	3. **Probe auf ie:** ie steht meistens am _____ der Silbe. Ich kann den i-Laut wie ein _____ dehnen. Beispiel: *Schiiiiie ne*
4. **Wörter mit ä:** Ich suche Wortverwandte mit _____ . Diese Probe heißt: _____probe. Beispiel: *Träger →* _____	5. **Wörter mit äu:** Ich suche Wortverwandte mit _____. Diese Probe heißt: _____probe. Beispiel: *Käufer →* _____	6. **Verbformen auf -t:** Ich bilde die _____- Form und schreibe sie in Sprechsilben auf. Beispiel: *Er fällt →* *wir*_____
7. b/p, d/t g/k am **Ende der Silbe** Ich mache die _____ Beispiel: *Rad →* _____ *gab →* _____ *trug →* _____	8. **Doppelkonsonant** am Silbenende: Da hilft die _____. Beispiel: *nett →* _____	9. Ich kann den **s-Laut** auf dreierlei Art schreiben: _____ , _____ und _____
10. **Großschreibung?** Die 3 Proben heißen: 1. _____ 2. _____ 3. _____	11. Nenne möglichst viele **Beispiele** für Endbausteine bei Nomen. _____ _____	12. Markiere: Was kannst du tun, um richtig zu schreiben? • mitsprechen • hören • schmecken • Strategien überlegen • einprägen

Mehrere Strategien innerhalb eines Wortes anwenden

Die erste Untergrundstadt der Welt

Eine Stadt unter der Erde wird in Tokio (Japan) entstehen. Sie soll „Geotropolis" heißen, 50 Meter in der Tiefe liegen und im Jahre 2020 fertig sein. Nur die Glaskuppel eines hohen Turmes, in dem über tausend Menschen arbeiten und leben, ragt dann mit ihrer Spitze aus der Erde. Unten gibt es drei riesige Hallen mit Grünanlagen, ein Kulturzentrum, Tennisplätze und Schwimmbäder, Wege, Rolltreppen und die Haltestelle einer Schnellbahn. So wollen die Japaner Geld sparen, denn Grundstücke dort sind knapp und die teuersten der Welt. Darüber hinaus gelten Untergrundstädte als sicher vor Erdbeben. Auch schädliche Umwelteinflüsse haben unter der Erde weniger gefährliche Auswirkungen. Die Baukosten sind jedoch doppelt so hoch. Jetzt bleibt nur die Frage, ob der Mensch wie ein Maulwurf leben möchte.

(1) Trainiere die Strategien bei Wörtern aus dem Text. (Strategien, s. S. 9)

Strategie 1: Mitsprechen

> **Ro bo ter spra che**
>
> ent ste____en (h/ohne h?); ein ho____er Turm (h/ohne h?); do____elt (p/pp?)

> **Probe auf ie → ie am Ende der Silbe? Gummibandprobe**
>
> T____fe (i/ie?); r____sige (i/ie?)

Strategie 2: Erst überlegen, dann mitsprechen

> **Ableitungsprobe**
>
> ra____t (g/k?) → wir _____ ; blei____t(b/p?) → _____

> **Verlängerungsprobe**
>
> ferti____ (g/k?) → _____ ; kna____(p/pp?) → _____

> **s-Laut-Probe → gesummt: s; gezischt: ß (oder das Wort mit ß einprägen)**
>
> hei____en (s/ß?) → _____ ; rie____ige (s/ß?) → _____

> **Proben für die Großschreibung: Entscheide dich für eine passende Probe.**
>
> Erde (e/E?) → Anfass-Probe; ____eld (g/G?) → _____ ;
>
> ____rdbeben (e/E?) → _____ ; uswirkung (a/A?) → _____

Strategie 3: Einprägen.

(2) Die Wörter in der linken Spalte der Tabelle bestehen aus mehreren Bausteinen. Rahme sie ein.

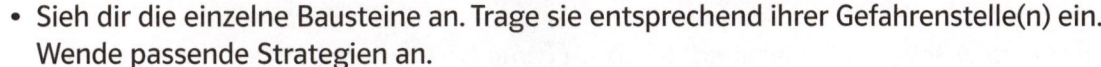

Das Wort Unter grund städte hat drei Bausteine. Wenn du es richtig schreiben willst, kannst du verschiedene Strategien anwenden:

Unter → *Un ter (Strategie 1: Ro bo ter spra che)*
Grund → *Grün de (Strategie 2: Verlängerungsprobe)*
Städte → *Stadt (Strategie 2: Ableitungsprobe)*
Untergrundstädte → *die Untergrundstädte (Strategie 2: Artikel-Probe)*
Stadt → *Einprägen (Strategie 3)*

- Sieh dir die einzelne Bausteine an. Trage sie entsprechend ihrer Gefahrenstelle(n) ein. Wende passende Strategien an.

Zusammengesetztes Wort	Strategie 1 → Mitsprechen	Strategie 2 → Erst überlegen, dann mitsprechen	Strategie 3 → Einprägen
Glas kuppel	Kup pel	Glas (Glä ser)	
Kulturzentrum			
Tennisplätze			
Schwimmbäder		1. 2.	
Rolltreppen			
Schnellbahn			
Grundstücke			
Erdbeben			
Umwelteinflüsse			

(3) „gefährliche" und „schädliche" haben je 2 Gefahrenstellen. Unterstreiche sie. Wende wie im Tipp geeignete Strategien an.

Oft musst du bei einem Wort mehrere Strategien anwenden.
Beispiel: verdächtig (3 Gefahrenstellen) → *v einprägen, Verdacht, ver däch ti ge*

gefährliche → _____

schädliche → _____

(4) Gestalte eine Werbeseite mit diesen Wörtern.
Stadt; Geotroplis; ungefährlich

(5) **Check:** Selbstdiktat. Wie das geht, erfährst du auf S. 6.

Fehleranalyse eines fremden Textes

Tierische Missverständnisse
(Teil 1, mehr darüber kannst du im Text auf S. 16 erfahren)

normalerweise   *schlafend*   *Korb*
Ein Hund, der ~~nomalerweise~~ harmlos ist, liegt ~~schlafent~~ in seinem ~~Korp~~. Zutraulich

schnappt   *ängstlicher*
will ihn ein Kind streicheln, doch er ~~schnapt~~ böse zu. Ebenso hackt ein ~~engstlicher~~

Wellensittich seinem Besitzer eine blutende Wunde in den Finger, den dieser durch

Gitterstäbe   *Käfigs*
die ~~Gitterstebe~~ seines ~~Käfiks~~ hält. Warum geht der Löwe in dem Moment, als der

Dompteur   Manege   Angriff
~~Domtör~~ in der ~~Manesche~~ ausrutscht, zum ~~Angrif~~ über?

Meistens versteht
~~Meistesn verstet~~ das Tier in diesem Moment den Menschen falsch. Ohne es zu

nämlich dauernd   *Umgebung*
wissen, sendet der Mensch ~~nähmlich dauernt~~ Botschaften an seine ~~umgebung~~.

Schultern   *wirkt*
Wenn er die ~~Schulltern~~ hängen lässt oder mit vorsichtigen Schritten geht, ~~wirgt~~ er

lächelt   Zähne
unsicher. Wenn er dagegen ~~lechelt~~ und dabei die ~~Zäne~~ zeigt, macht er einen

zufriedenen   selbstsicheren Eindruck
~~zufridenen~~ und ~~selbssicheren Eindruk~~.

solche
Auch Tiere achten auf ~~sollche~~ Zeichen. Manchmal geben sie ihnen jedoch eine

reagieren   gefährlich
falsche Bedeutung. Sie ~~reagiren~~ dann für uns überraschend, oft sogar ~~gefärlich~~.

1 Eine Klasse 6 beschäftigt sich mit dem Thema „Tierverhalten".
• Lies den Aufsatz einer Schülerin zu diesem Thema.

2 Mit Hilfe der Strategien 60/30/10 hätte die Schülerin Fehler vermeiden können.
- Sieh dir jedes falsch geschriebene Wort an, achte dabei auf die Art des Fehlers. Trage das Wort unter der geeigneten Strategie in die Tabelle ein. Wende sie an (s. S. 9).

  Beispiel: *Zehne*: ohne ä → Strategie 2 (Zahn)

  Zäne: fehlendes h → Strategie 3

Strategie 1: Mitsprechen	Strategie 2: Erst überlegen, dann mitsprechen	Strategie 3: Einprägen
normalerweise → *nor ma ler wei se*	*schlafend* → *schla fen de*	*Dompteur*

3 Suche im Text mindestens fünf zusätzliche Wörter mit deinen persönlichen Gefahrenstellen. Lege im Heft eine Tabelle wie oben an und trage deine Wörter passend ein.

4 **Check:** Partnerdiktat. Auf S. 6 erfahrt ihr, was ihr dabei tun müsst. Wendet während des Schreibens möglichst oft Strategien an.

Fehleranalyse eines eigenen Textes

Warum Tiere plötzlich angreifen (Teil 2)

Wenn du einen Hund überraschend berührst, erschrickt er. Er reagiert blitzschnell wie bei einem Feind und beißt grob zu.

Ebenso hält ein Wellensittich deinen Finger, der sich durch die Gitterstäbe schiebt, für den Schnabel eines Gegners. Er verteidigt sich und hackt wütend zurück.

Was hat der Löwe im Sinn, wenn er sich auf seinen Wärter stürzt, der ausgerutscht ist? Auch dafür gibt es eine Erklärung: Menschen bewegen sich mit aufrechtem Gang vorwärts. So verhält sich im Tierreich nur, wer sich äußerst stark fühlt. Sogar Raubtiere lassen sich deshalb von der Größe und dem scheinbaren Selbstbewusstsein des Menschen täuschen und ordnen sich unter. Wenn derselbe Mensch aber fällt, kann das Tier seine Überlegenheit empfinden und angreifen.

Auch ein Haustier deutet deine Körpersprache oft völlig falsch. Wenn du lächelst, kann ein Hund darunter verstehen, dass du ihm „die Zähne zeigst". Auch wenn du ihm fest in die Augen starrst, versteht er das häufig als Aufforderung zum Kampf. Dabei wolltest du doch nur nett zu ihm sein.

1 Jetzt geht es deinen eigenen Fehlern an den Kragen. Lass dir den Text ins Heft diktieren. Lasse jede zweite Zeile für Korrekturen frei.

2 Selbstkontrolle nach dem Diktat (vgl. auch S. 7):
- Lies den Ausgangstext in der Ro bo ter spra che. Vergleiche sorgfältig Buchstaben für Buchstaben mit deinem Diktattext.
- Unterstreiche jedes richtig geschriebene Wort blau.
- Streiche jedes falsch geschriebene Wort durch und schreibe es richtig darüber.

3 Jetzt kommt das Wichtigste: Aus Fehlern wird man klug. Gehe bei der Berichtigung wie im Tipp vor. Trage deine Fehlerwörter und ihre Korrektur auf der folgenden Seite ein.

Schritt 1: Sieh dir die Art deines Fehlers genau an.	Schritt 2: Wähle die geeignete Strategie und Probe aus:	Schritt 3: ○ Ordne deine Fehlerwörter – richtig geschrieben – auf S. 17 ein. ○ Wende Strategien wie in den Beispielen an. ○ Unterstreiche den verbesserten Buchstaben.
überaschend überraschent	1: Ro bo ter spra che 2: Verlängerungsprobe	ü ber ra schend ü ber ra schen de
fersteht verstet	3: Einprägen 2: Ableitungsprobe	ver steht wir ver ste hen
aufforderung Auforderung	2: Proben für die Großschrei-bung (Artikelprobe) 1: Ro bo ter spra che	die Aufforderung Auf for de rung

Eigene Stärken und Fehler erkennen

Strategie 1: Mitsprechen

Probe: in der Ro bo ter spra che lesen und schreiben	Probe auf ie
Kau gum mi	*Zie ge*

Strategie 2: Erst überlegen, dann mitsprechen

Ableitungsprobe

ä oder e?	äu oder eu?	Verbform auf -t?
Äste → Ast	*schäumen → Schaum*	*schnappt → wir schnap pen*

Verlängerungsprobe

b/p, d/t, g/k am Silbenende?	Doppelkonsonant am Silbenende?
Bad → Bä der	*Gewinn → Ge win ne*

s-Laut-Probe

s, ß oder ss?
Ha se; Stra Be; Rüs sel

Proben für die Großschreibung

Anfass-Probe? Artikel-Probe? Endbaustein-Probe?
Fabrik ; der Mut; Berichtigung

Strategie 3: Einprägen

vielleicht

Ausgelassene, überflüssige Buchstaben, Buchstabenverdrehungen

Walpurgisnacht – und du bist dabei!?
In der Nacht zum 1. Mai besteigen wir mit euch den Brocken, den höchsten Gipfel im Harz. Nicht erschrecken, wenn die ersten düsteren Gestalten auftauchen! Aus allen Himmelsrichtungen kommen Hexen mit furchtbaren Narbengesichtern und Warzen auf der Stirn auf Besen und dem Rücken von Ziegenböcken durch die Luft geritten. Sie setzen sich Masken von wilden Tieren auf und tanzen mit drohenden Bewegungen um die **Flammen**. Um Mitternacht setzen sie sich um rostige Kessel, in denen das Festessen **blubbert**. Welche Delikatessen lassen Hexen **schmatzen**? Es sind knusprige Spinnenbeine in Rattenblut und in Ameisenbrühe gekochte Schlangenzungenschnitzel. Mit schriller Stimme schwatzen die **garstigen** Giftspritzen über ihre Streiche. Erst am frühen Morgen hat der Spuk ein Ende. Hast du Mut? Dann verkleide dich als Teufelchen und mach mit!

1 60 % aller Rechtschreibfehler vermeidest du, wenn du wie ein Roboter sprichst.
Trainiere diese Ro bo ter spra che, wie es dir der Tipp empfiehlt.
- Sprich alle fett gedruckten Wörter in der Ro bo ter spra che. Trommele die Silben auf dem Tisch mit.

Sprich ein Wort Silbe für Silbe, laut und langsam. Mache zwischen den Silben eine deutliche Sprechpause.
Beispiel: Schlan gen zun gen schnit zel
Achtung! Sprich ck in der Ro bo ter spra che wie k k, z. B. Du sprichst Brok ken und schreibst Broc ken.
Am Zeilenende trennst du Bro cken.

2 Partnerdiktat. Deine Partnerin/dein Partner diktiert dir die folgenden Wörter in der Ro bo ter-spra che. Du schreibst und sprichst in Sprechsilben mit.
Beispiel: *er schrec ken*

Gestalten – Warzen – Rücken – geritten – Masken – tanzen – drohenden – Sprüngen – rostige – Kessel – knusprige – schriller – schwatzen – Giftspritzen

3 Unterstreiche im Text die Wörter mit vier Sprechsilben blau, die Wörter mit fünf Sprechsilben rot.
- Trage diese Wörter in Sprechsilben auswendig in die passende Tabelle ein. Sprich in der Ro bo ter spra che mit.

Wörter mit vier Sprechsilben

1. Silbe	2. Silbe	3. Silbe	4. Silbe
Wal	*pur*	*gis*	*nacht*

Wörter mit fünf Sprechsilben

1. Silbe	2. Silbe	3. Silbe	4. Silbe	5. Silbe

4 Lies die folgenden Wörter in der Ro bo ter spra che. Male während des Sprechens Silbenbögen unter alle Wörter.
   • Trage die Sprechsilben mit Bleistift in das Rätsel ein. Streiche verwendete Wörter.

ANDERE – ANKER – ~~AUSSCHLAFEN~~ – AUSSETZEN – BESCHAFFEN – BLINKER – BLINZELN –
DAMENSCHUHE – FAMILIENDRAMA – GESPENSTERSTUNDE – HERUNTERRUTSCHEN –
LUFTMATRATZEN – LUFTSCHLANGE – ~~MENSCHENAFFEN~~ – MINISTER – REGENTROPFEN – SÄEN

			AUS					
			SCHLA					
MEN	SCHEN	AF	FEN					

5 Alle folgenden Wörter sind aus zwei Wörtern zusammengesetzt. Wende für jedes einzelne Wort Strategie 1 oder 2 an. Lege dazu im Heft diese Tabelle an.
   • Unterstreiche die Gefahrenstellen.

Zusammengesetztes Nomen	Strategie 1: Mitsprechen	Strategie 2: Erst überlegen, dann mitsprechen
Höllenhund	Höl len	Hund → Hun de

~~Höllenhund~~ – Kräutersuppe – Geisterhand – Wirbelwind – Rattenskelett – Mäusefutter – Sargdeckel – Räuberbande – Räucherkerze – Spinnweben – Jauchefass – Donnerschlag – Burggraben – Spukgeschichte – Teufelsbraten

6 **Check:** Ro bo ter dik tat. Wie das geht, erfährst du auf S. 6. Nach der Hälfte wird gewechselt.

Wörter mit ie

Auf den Spuren der alten Wikinger

Nach beinahe tausend Jahren stießen dänische Taucher auf die Überreste eines riesigen Wikingerschiffes. Experten datieren das Baujahr auf 1042. 25 Jahre später war das Schiff gesunken.

Der Fund weckte **Neugier**. Wie konnten die alten Nordmänner solche Schiffe konstruieren? Wie ließen sie sich segeln? Wie ertrugen die Besatzungsmitglieder die Schwierigkeiten unterwegs? Warum ging dieses junge Boot unter? **Trieb** es zum **Beispiel** ein Unwetter gegen einen Felsen und **ließ** es zerschellen? Oder **fiel** es im **Krieg** einem Angriff zum Opfer? Oder taugte es nicht für die hohe See?

Mit gleichem Material, Werkzeug und gleichen Methoden bauten Handwerker den Kahn nach. Jetzt wird es spannend: Schafft es die Mannschaft, in diesem Nachbau zwei Monate lang die Routen der Wikinger abzufahren und sich dabei wie ihre Vorfahren nur von Trockenfleisch, fettem Fisch, Fladenbrot und Wasser zu ernähren?

1 Bei den folgenden Wörtern aus dem Text fehlen die Vokale i und e.
- Schreibe die vollständigen Wörter in Sprechsilben auf.
- Mache die Probe auf ie, wie es dir der Tipp empfiehlt. Kreise ie ein.

Mache ie durch die Probe auf ie hörbar. Prüfe:
- *Steht der i-Laut am Ende einer Sprechsilbe?* → *spie len*
- *Kann ich ihn wie ein Gummiband in die Länge ziehen?*

Wörter mit ie		Wörter mit ie		Wörter mit ie	
vln	*vie* len	datrn		konstrurn	
stßn		lßn		Schwrgktn	
rsgn		Mtgldr		dss	

2 Im Text sind sechs Wörter mit ie fett gedruckt. Schreibe sie auf.

_____

- Lies sie in der Ro bo ter spra che. Wo steht ie? Unterstreiche:
  Am Anfang/im Innern/am Ende der Silbe?

Manchmal steht ie im Innern einer Silbe. Meistens kannst du dann den i-Laut durch Proben (Verlängern oder Ableiten) ans Silbenende bringen.
Beispiel: Spiel → Spiiiie lo; or fließt → wir fliiie ßen

- Verlängere die sechs Wörter so, dass ie am Silbenende steht.

  Neugier → *neu gie rig;* _____

  _____

3 Suche die Wörter mit ie.
- Schreibe dazu alle Lückenwörter mit ihren Verlängerungen oder Ableitungen in Sprechsilben ins Heft. Kreise ie ein.
  Beispiel: *Zielkurve → Zie le; Bindfäden → bin den*
- Trage nur die Wörter mit ie ins Rätsel ein → 5 Zielkurve

waagerecht

5. Z•lkurve oder B•ndfaden?

7. K•ndheit oder M•tauto?

8. Sch•ldbürger oder Schm•rzettel?

9. W•ldpark oder V•lfraß?

10. Kr•gsrat oder K•rchturm?

senkrecht

1. T•fschlaf oder T•ppzettel?

2. W•ndstärke oder S•gtreffer?

3. Sp•lleiter oder B•ldschärfe?

4. L•bling oder Rotl•cht?

6. T•rschau oder Bl•nddarm?

Eintritt nur für Wörter mit ie

								1					2				
					3												
			4				5 Z	I	E	L	K	U	R	V	E		
6																	
									7								
8								9									
			10														

4 Weitere Wörter aus dem Text: Wende bei den unterstrichenen Gefahrenstellen Strategien an.

Fund → *Fun de;*

unterwegs → _____ ;

taugte → _____ ;

Werkzeug → _____ ;

Mannschaft → _____ ;

Nordmänner → _____ ;

Angriff → _____ ;

hohe → _____ ;

sie schafft → _____ ;

ernähren → _____ ;

5 Einprägen: Schreibe die neun versteckten Wörter ins Heft:
tgfgJahrepfdänischeörspäteratBootfüMethodenzecKahnkrärRoutenquVorfahrenmiernährenfv

6 **Check:** Kassettendiktat (s. S. 6). Sprich den Text in der Ro bo ter spra che auf Kassette. Ziehe jedes ie am Ende einer Silbe in die Länge und mache nach ie eine Pause von einer Sekunde. Schreibe den Text in normaler Schreibweise auf.

Wörter mit i

Mit **Zitronenlimonade** auf Tigerjagd

Ein **Tiger** brachte gestern die **Termine vieler Berliner** durcheinander. **Wie** in einem spannenden **Kinofilm** entwischte „Apollo" auf dem Weg zu seinem Auftritt im Zirkuszelt. Nach wenigen **Minuten** verursachte er auf einer Schnellstraße einen Autounfall. Danach trottete er zu einem Park. Dort streifte er **ziellos** herum und schlug einen **Dirigenten**, einen **Frisör** und zwei **Detektive** in die Flucht. Die Betroffenen meinten, es sei **viel** aufregender als jedes **Video** gewesen.

Zum Glück hatte der Dompteur eine **Idee**: Er stellte im Park mehrere Eimer voller Zitronenlimonade auf, in **die** er ein starkes Schlafmittel gegeben hatte. Der Plan klappte: Das **Tier** soff sein **Lieblingsgetränk** in Mengen – und **fiel** dann in einen **Tiefschlaf**.

Der Zirkusdirektor meinte nach dem Vorfall, es habe **nie** ein **Risiko** für Menschen bestanden. Denn Apollo sei zwar durstig, aber satt gewesen.

1 Alle fett gedruckten Wörter im Text enthalten i-Laute. Unterstreiche alle Wörter mit ie. Lies sie in der Ro bo ter spra che.
- Schreibe die Wörter in Sprechsilben auf, bei denen ie am Ende der Silbe steht.
- Bei sechs Wörtern steht ie in der Mitte der Silbe. Schreibe sie mit ihren Verlängerungen in Sprechsilben auf.

Wörter mit ie am Ende der Silbe	Wörter mit ie im Wortinnern	Verlängerung
vie ler	*ziel los*	*Zie le*

2 Lies „Tiger" in der Ro bo ter spra che.
- Wo steht der i-Laut? _____
- Kann ich den i-Laut wie ein Gummiband dehnen? _____

Bei „Tiger" klappt die Probe auf ie. Trotzdem schreibt man nur i. Solche Wörter sind Ausnahmen. Präge sie dir wie Vokabeln ein.

3 Lies die fett gedruckten Wörter mit i. Schreibe sie auf, jedes Wort nur einmal. Unterstreiche den i-Laut rot.

Wörter mit i

Zitronenlimonade			

4 Silbenrätsel. Suche 17 weitere Wörter zum Einprägen mit i und schreibe sie auf. Streiche verwendete Silben.

1. Silbe	Weitere Silben
Ap – B̶i̶ – Gar – Gi – Ka – Ka – Kli – Kro – Ku – La – Li – Ma – Mar – Pi – Pi – Spi – Ti	al – b̶e̶r̶ - bi – di – di – fel - ga – ko- le – lot – ma – mi – nat – ne – ne – ne – ne – ne – ne – ne – ne – rat – re – ri – schi – si – si – tar – tel – wi

Biber, _____

_____

_____

_____

5 Ordne die Wörter mit i (Aufgaben 3 und 4) nach dem Alphabet und schreibe sie in dein Heft.

6 Schreibe aus dem Text Wörter mit Doppelkonsonanten heraus. Mache ihn hörbar.

Strategie 1 (Ro bo ter spra che): *span nen den;* _____

_____

Strategie 2 (Verlängerungsprobe): *Auftri tt* → *Auf trit te;* _____

_____

_____

7 Weitere Wörter aus dem Text: Wende für die Gefahrenstellen Strategien an.

Tigerja __d → _____ ; er schlu__ → _____

Lieblingsgetr__nk → _____ ; dursti__ → _____

- Einprägen: Versuche die folgenden Wörter in einen lustigen Satz einzubauen: *Detektive, Video, Dompteur, Idee, mehrere.*

_____

8 **Check:** Partnerdiktat (s. S. 6).

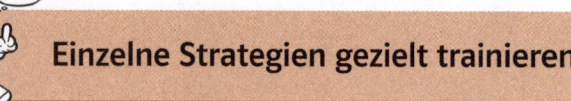

Adjektive auf -ig, -lich und -isch

Fabel vom kranken Regenwurm

Ein Regenwurm war von Geburt an anfällig für Krankheiten. Seine Eltern wurden allmählich unruhig, denn er war oft schlaff und mürrisch. „Was fehlt ihm?", fragte die Mutter nach einiger Zeit ängstlich den Wurmdoktor. „Er ist kränklich", meinte der Arzt freundlich. Von da an war die Mutter immer um ihn, seine Pflege war ihr so wichtig wie keine andere Aufgabe. Sie sorgte fantastisch für ihn, wenn er hungrig war oder Durst hatte.
Aber der Regenwurm blieb krank und hatte nie gute Laune. Er lag nur immer unbeweglich in seinen Blättern unter der Erde und fraß traurig seinen Kompost. Sein Leben war langweilig und schrecklich. Komisch war nur: Er wurde auch nie von einer Amsel gefressen wie alle seine Freunde und überlebte am Ende alle.

(1) Unterstreiche im Text alle Wörter, die auf -ig, -lich und -isch enden.
- Trage sie, sortiert nach ihren Endbausteinen, in die linken Spalten ein.

Adjektive auf -ig	Verlängerungsprobe	Adjektive auf -lich	Verlängerungsprobe
anfällig	*an fäl li ger*		

Adjektive auf -isch	Verlängerungsprobe

(2) Lies die Adjektive in der Tabelle (Aufgabe 1) in der Ro bo ter spra che. Achte auf die Endungen.

Oft kannst du kaum unterscheiden, ob ein Adjektiv auf -ig, -lich oder -isch endet. Hilf dir mit der Verlängerungsprobe: Steigere und sprich in der Ro bo ter spra che mit.
Beispiel: anfällig → an fäl li ger

- Trage die Verlängerungen wie im Beispiel ein. Sprich beim Schreiben mit.

3 Schreibe die dazugehörigen Nomen/Substantive auf. Denke an die Großschreibung.

anfällig → *Anfall;* endlich → _____ ; freundlich → _____ ;

hungrig → _____ ; langweilig → _____ ; traurig → _____

4 Forme folgende Nomen/Substantive durch die Endbausteine -ig, -lich oder -isch in Adjektive um.
Manchmal musst du etwas stärker verändern.
• Schreibe die Adjektive mit ihren Steigerungsformen in Sprechsilben ins Heft.
Beispiel: *schattig* → *schat ti ger*
• Trage die Adjektive in das Rätsel ein (ä, ü = 1 Buchstabe)

waagrecht:

1. Schatten   11. Regen
3. Kraft   14. Himmel
6. Schwein   15. Kitsch
8. Fleiß   16. Geiz
9. Elektrizität

senkrecht:

2. Aberglaube   10. Sonne
4. Frieden   12. Eis
5. Natur   13. Riese
6. Salz
7. Witz

5 Weitere Wörter aus dem Text: Wende für die Gefahrenstellen Strategien an.

schlaff → *schlaf fer;*   sie sorgte → _____ ;

unbeweglich → _____ ; blieb → _____ ;

Kompost → _____ ; überlebte → _____

6 **Check:** Kommentiertes Diktat (s. S. 6). Eine Partnerin/ein Partner diktiert dir den Text. Bei jedem
Wort mit einer der Endsilben -ig, -lich oder -isch warnt sie/er: „Achtung! Endbaustein! Verlängerungsprobe!" Nach der Hälfte wird gewechselt.

Vorsilben ver-, vor-, viel-, voll-

Seltsame Untermieter

Wie ein glühender Ball ist die Sonne am Horizont verschwunden. In Gedanken versunken sitze ich auf der Terrasse. Da spüre ich auf einmal einen Lufthauch: Kleine dunkle Tiere flattern wie Pfeile knapp an meinem Kopf vorbei. Diese fliegenden Schatten sind keine Vögel. Es sind Säugetiere, nämlich Fledermäuse. Sie verbringen die Nacht auf der Suche nach Nahrung. Mit Vorliebe vertilgen sie Insekten. Nicht nur in vollständiger Dunkelheit, vielmehr auch im Licht von Laternen finden sie ihre Beute. Eine einzige Fledermaus verspeist in einer Nacht 4000 Mücken.

Im Winter versammeln sich die Tiere zum verdienten Winterschlaf. Doch vorher suchen sie sich gute Verstecke. Sie quetschen sich gerne in enge Felsspalten, vielfach auch in hohle Bäume. Immer wieder verirren sie sich in Rollladenkästen, ja sogar Wohnungen. Keine Panik! Sie verursachen keine Schäden! Fledermausexperten wissen, was dann zu tun ist.

1 Unterstreiche die Wörter mit den Vorsilben „ver-", „vor-", „voll-" und „viel-". Ordne sie in die Tabelle ein.

Die Vorsilben „ver-", „vor-, „voll" und „viel-" sind Wortbausteine. Präge sie dir ein.

Vorsilbe „ver-"	Vorsilbe „ver-"	Vorsilbe „vor-"	Vorsilbe „voll-"
verschwunden			
			Vorsilbe „viel-"

2 Die Wörter mit den Vorsilben „ver", „vor", „voll" und „viel" (Aufgabe 1) bestehen aus weiteren Bausteinen. Überlege, mit welchen Strategien du sie in Zukunft richtig schreiben kannst. Schreibe wie im Beispiel auf.

Mitsprechen: *ver schwun den* _____

_____

_____

Erst überlegen, dann mitsprechen: *voll stän diger → Stand;* _____

_____

Einprägen: _____

3 Kreuzworträtsel: Ergänze passend die Vorsilben „vor", „ver", „viel" oder „voll".

(Kreuzworträtsel-Gitter mit eingetragenen Buchstaben:)

T R E F F E R
M O N D
B — B
E — R
I   S E I T I G   Z F L
    M   E R A
  J S   I E N
B Ä U   F Ü H R U N G
A H N   R E D E
U R G H R N E N
  I   I ß
  G E S T E R N

4 Du findest hier weitere Wörter aus dem Text mit Gefahrenstellen.
   • Welche Probe und welche Strategie wurden jeweils angewandt? Schreibe sie auf (s. S. 9).

	Probe (in Klammern Nummer d. Strategie)
1 Un ter mie ter	*Probe auf ie (1)*
2. Horizont → Ho ri zon te	
3. glü hen der	
4. Ter ras se	
5. knapp → knap per	

	Probe (in Klammern Nummer d. Strategie)
6 Säugetiere → sau gen; Tie re	1. 2.
7. In sek ten	
8. Fels spal ten	
9. Roll la den käs ten → rol len, Kasten	1. 2.
10. Schäden → Schaden	

5 **Einprägen:**
   Nahrung; quetschen; hohle; Wohnungen; Panik; Experten.
   Verstecke diese Wörter in einer Wörterschlange.

6 **Check:** Partnerdiktat. Wie das geht, erfährst du auf S. 6.

Verben mit doppeltem Konsonanten

Tom und Jerry

Wer kennt sie nicht – Tom, den dummen Kater, und Jerry, die pfiffige Maus? Durch die Hände ihrer Zeichner kamen sie um 1940 auf die Welt. Seitdem macht jeder dauernd mit List und Tücke den Versuch, den anderen hereinzulegen. Überall in der Welt schmunzelt man, wenn es Jerry immer wieder schafft, seinem Gegenspieler Tom zu entwischen und ihm neue Streiche zu spielen. Zum Beispiel legt Jerry für Tom heimlich eine Mausefalle auf den Stuhl, und Tom klemmt sich darin den Schwanz ein. Oder Jerry stellt Tom einen Roller in den Weg, auf dem er unfreiwillig durch die Gänge rollt und gegen die Schränke knallt. Wenn Jerry bellt, denkt Tom an einen Hund und sucht ihn in allen Räumen. Beide gehen nicht gerade zimperlich miteinander um. Aber es bedrückt sie, wenn sie sich eine Weile nicht sehen.

1 Fehleralarm bei Verbformen auf -t.

> *TIPP*
>
> *Das t am Ende einer Verbform warnt dich: „Achtung! Ableitungsprobe: Wir-Form im Präsens bilden!*
> *Ro bo ter spra che!"*
> *Beispiel: Sie knurrt → wir knur ren; er kannte → wir ken nen*

- Unterstreiche im Text die 13 Verbformen auf -t. Trage sie so in den Stern ein, dass t der letzte Buchstabe ist. Beispiel: *kennt*

2 Bilde von jedem Verb im Stern die Wir-Form und trage sie in Sprechsilben passend ein (Großbuchstaben, ck=kk). Das rote Feld zeigt jeweils die Sprechpause an.

3 Sieh dir bei den folgenden Wörtern die Gefahrenstellen genau an.
• Ordne die Wörter unter der/den passenden Strategie(n) ein und wende sie an.
Jerry; pfiffige; Hände; Tücke; Versuch; überall; Gegenspieler; Beispiel; heimlich; Stuhl; Mausefalle; unfreiwillig; Gänge; Schränke; Räume; zimperlich; miteinander

Mitsprechen: *pfif fi ge;* _____

_____

Erst überlegen, dann mitsprechen: *Hän de → Hand;* _____

_____

_____

_____

Einprägen: *Jerry;* _____

4 **Vokale suchen – Probe auf ie**
• Sprich jedes gesuchte Wort in der Ro bo ter spra che. Wende die Probe auf ie an (s. S. 9).
Schreibe das vollständige Wort in Sprechsilben auf.
• Die Buchstaben über den Zahlen ergeben das Lösungswort. Schreibe es auf.

1. bchstbrn b u c h s t a **bie** r e n	das Alphabet aufsagen
2. Mtgldr __ __ __ __ __ __ __ 3	Angehörige eines Vereins
3. Flsn __ __ __ __ __ __ 7	Wandverkleidung des Badezimmers
4. schlßn __ __ __ __ __ __ __ 2	zumachen
5. schln __ __ __ __ __ __ 5	Sehfehler
6. Nt __ __ __ 4	Los ohne Gewinn
7. frrn __ __ __ __ __ 1	Kälte empfinden
8. vrlrn __ __ __ __ __ __ 6	Gegenteil von „gewinnen"

Das Lösungswort heißt: _____.

5 **Check:** Kommentiertes Diktat (s. S. 6). Deine Partnerin/dein Partner warnt dich bei jeder Verbform auf -t: „Achtung! Verbform auf -t! Wir-Form bilden! Mitsprechen!" Nach der Hälfte wird gewechselt.

Verben mit verstecktem h

Spannung auf dem Fußballplatz

Nur noch wenige Sekunden vor Spielende, und es steht 1:0 gegen uns. Da passiert es: Im Strafraum zieht der Verteidiger der gegnerischen Mannschaft unserem Stürmer die Beine weg. Er bleibt verletzt liegen. Sanitäter transportieren ihn zur Seitenlinie. Dort bemüht sich ein Arzt um ihn. Der Übeltäter sieht vom Schiedsrichter die rote Karte, und es gibt einen Elfmeter. Der Spieler versteht diese Entscheidung nicht. Er fleht den Schiedsrichter an, ihn doch nicht vom Platz zu stellen, natürlich ohne Erfolg. Wütend droht er dem Unparteiischen Schläge an und geht vom Feld. Man buht ihn aus und singt: „Auf Wiedersehen!" Beleidigt zeigt er den Zuschauern seine Fäuste. Jetzt zielt unser Elfmeterschütze in aller Ruhe auf das Tor. Trotzdem geschieht es: Er dreht den Ball knapp daneben. Schade!

(1) Markiere im Text mit einem Marker jede Verbform, die ein t-Warnsignal hat.

> *Das t bei einer Verbform warnt dich: „Achtung! Ableitungsprobe: Wir-Form im Präsens bilden!*
> *Ro bo ter spra che!"*
> *Beispiel: es steht → wir ste hen*

(2) • Lies die markierten Verbformen. Wende wie im Tipp mündlich die Ableitungsprobe an. Unterstreiche die Buchstaben, die du jetzt besser hörst.

(3) Einige der markierten Verbformen (Aufg. 1) werden mit unhörbarem h geschrieben. Schreibe nur diese Verben in Sprechsilben in die Wörterbox.
• Sprich jede Ableitung so, dass du das h deutlich hörst.

Verbformen auf -t mit verstecktem h: Da mache ich die Ableitungsprobe.

es steht → wir ste hen	

(4) Auch die Wörter in den Schüsseln schreibst du mit h.
• Schreibe sie in Sprechsilben unter die Zeichnung.
• Lies diese Wörter in der Ro bo ter spra che. Unterstreiche jedes h, das du durch die genaue Aussprache hören kannst.
• Bei fünf Wörtern steht h am Wortende. Wende wie im Tipp die Strategie an.

> *h am Wortende ist unhörbar. Hier hilft die Verlängerungsprobe: Kuh → Kü he*

1. KHU
2. EBRÜH
3. HMÜE
7. HEIER
4. SHHUC
9. EHÖH
8. HIGEWE
5. EHRU
13. EIFHLNE
11. MHÄNE
10. HÜRF
14. HÄNNE
15. NÜLEHG
6. HEZ
12. WENHE

---

1. Kuh; _____

_____

_____

_____

_____

_____

Wörter mit h am Ende → Hier muss ich verlängern: *Kuh → Kü he;* _____

_____

---

5 Weitere Wörter aus dem Text: Ergänze die Buchstaben. Wende die Strategien 1 und 2 an.

passiert → *pas sie ren* ;   ge__nerisch → _____ ;

transport____ren → _____ ;   Übelt____ter → _____ ;

Erfol__ → _____ ;   der Unparte____sche → _____ ;

Schl__ge → _____ ;   Auf W____derse__en → _____ ;

F____ste → _____ ;   kna__ → _____ ;

6 Einprägen:
Verteidiger; Sanitäter; Schiedsrichter; (er) sieht; trotzdem; (es) geschieht

Lege auf Rechenkästchen einen Wörterspieß an: Schreibe dazu
die Buchstaben von „sieht" senkrecht untereinander. Trage die
Buchstaben der anderen Wörter waagerecht so ein, dass du immer
einen Buchstaben von „sieht" verwendest.

S
I
E
H
T

7 **Check:** Selbstdiktat (s. S. 6)

Schwerpunkt ä oder e? äu oder eu?

Leckere Säfte von eigenen Bäumen
In jedem Herbst ist mein Freund Erik mit Volldampf tätig: Er verarbeitet Äpfel zu Apfelsaft.
In großen Säcken und sogar in Autoanhängern bringen ihm Leute Äpfel aus ihren Gärten.
Zuerst säubert er sie in einer Badewanne. Denn wer möchte schon Blätter oder Erde in
seinem Apfelsaft vorfinden? Dann werden die Äpfel in einem Schredder fein zerhäckselt,
bis ein Apfelmatsch entstanden ist. Dieser wird in die Apfelmühle gegeben, anschließend
wird er mit großem Druck gepresst. Der so entstehende Saft fließt in eine Schüssel ab. Wenn
kaum noch Flüssigkeit kommt, stellt Erik die Presse ab, räumt die Reste weg und säubert die
Tücher.
Damit der Saft nicht vergärt, muss er jetzt auf genau 78 Grad erhitzt werden. Danach wird
er in erwärmte Flaschen oder Kanister gefüllt. Sobald er abgekühlt ist, kann er probiert
werden. Schon jetzt schmeckt er prima, aber je länger man ihn stehen lässt, desto besser
wird er.

(**1**) Sprich „Säfte" und „Hefte" laut und langsam.
- Hörst du einen Unterschied zwischen „ä" und „e"? _____

*ä und e, äu und eu werden meistens fast gleich ausgesprochen. Mache die Ableitungsprobe: „Hat mein Wort
Wortverwandte mit a oder au?". Wenn ja, schreibst du ä oder äu.
Beispiel: Säfte → Saft; schäumen → Schaum*

(**2**) Unterstreiche im Text Wörter mit ä rot, mit äu blau.
- Trage sie – jedes Wort nur einmal – mit ihren Ableitungen ein. Wenn du es richtig machst,
  passt die Anzahl der Kästchen genau.

Wörter mit ä	Ableitungsprobe
Säfte	*Saft*

Wörter mit ä	Ableitungsprobe

Wörter mit äu	Ableitungsprobe

(**3**) Wende bei den folgenden Wörtern im Heft die Ableitungsprobe an. Trage dann ä/e oder äu/eu in
die Lückenwörter ein.
- Markiere die Ziffern hintern den Wörtern mit ä und äu rot.
- Verbinde die Ziffern der ä- und äu-Wörter der Reihe nach. Beginne bei Nr. 1.

Schl____che (1); R____ber (2); B____te (3);

S____gling (4); Ungeh____er (5); Fr____nd (6);

Kr____ter (7); ____le (8); Fr____lein (9);

K____le (10); ber____en (11); ____ßerlich (12);

Fr____de (13); ausr____chern (14);

gl____big (15); eingez____nt (16);

Z____hne (17); Tr____me (18), L____fer (19);

h____te (20); M____se (21); Sch____ne (22);

Gew____sser (23); str____nen (24);

W____lder (25); schl____cht (26); N____chte (27);

st____ern (28); sich r____chen (29); h____len (30);

Werkz____g (31); ____ste (32); F____ll (33);

N____he (34)

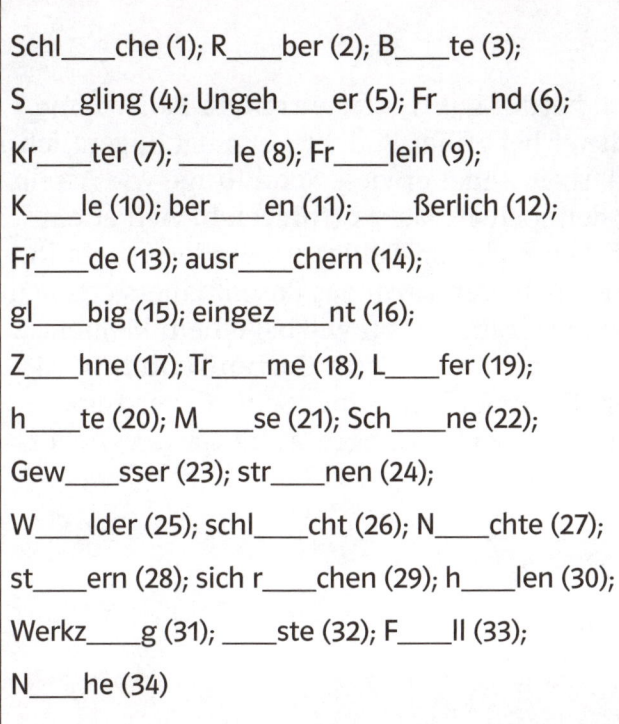

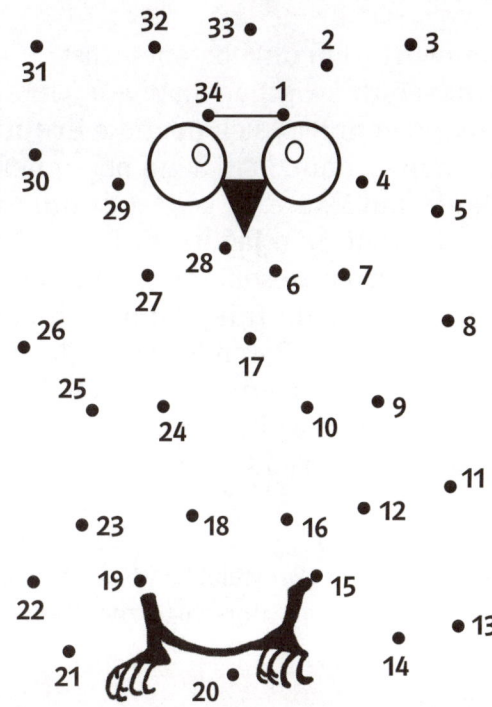

4 Schreibe alle Wörter mit doppeltem Konsonanten aus dem Text auf (ck=kk), bei denen du die Verdopplung durch die Strategien 1 und 2 hörbar machen kannst.
Drei Wörter musst du dir einprägen: *denn*; _____

Wörter mit dopp. Konsonanten	Anwendung der Strategien	Wörter mit dopp. Konsonanten	Anwendung der Strategien
leckere	*lec ke re*		

5 **Einprägen:** *Herbst, Mühle, abkühlen*
- Bilde einen Unsinnsatz, in dem die drei Wörter vorkommen.

6 **Check:** Partnerdiktat (s. S. 6). Wer schreibt, nennt bei jedem Wort mit ä oder äu den Wortverwandten mit a und au. Nach der Hälfte wird gewechselt.

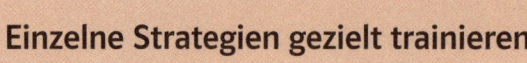

b oder p, d oder t, g oder k?

Der Maulwurf – ein ungebetener Gast
Die **Feindschaft** zwischen Maulwurf und Mensch beruht auf **Gegenseitigkeit**. Bauern und Gartenbesitzer ärgern sich über die **Erdhügel**, die er bei seiner Buddelei erzeugt. Eigentlich ist der Maulwurf nützlich, denn bei seiner Wühlarbeit findet er viele **Schädlinge** wie Asseln, Engerlinge und Mäuse. Er ist fast **blind**, ist aber dennoch als Jäger **erfolgreich**, weil er ein feines Gehör hat. Sein **Jagdtrieb** stoppt ihn natürlich nicht am **Feldrand**, sondern treibt ihn auch in Ziergärten. Besonders im Winter, wenn er nicht den Lärm des Rasenmähers ertragen muss, wagt er sich dorthin. Dann wirft er mit seinen **Grabhänden** wie bei einem kleinen Vulkanausbruch die Rasendecke auf. Jetzt wird auch der harmloseste **Gartenfreund mordlustig**. Ohne **Mitleid** stürmt er durch den Garten. Doch der Hall seiner Schritte vertreibt den **Untergrundbewohner** sofort. Er flieht in die Tiefe seiner Gänge, bis im Garten wieder **Friedhofsruhe** herrscht.

1 Lies die Wörter „Feldsalat" und „Weltkugel" laut.
- Hörst du einen Unterschied zwischen d bei „Feld" und t bei „Welt"? _____

Achtung! Am Ende einer Silbe klingen d und t, b und p, g und k ähnlich oder gleich.
Die Verlängerungsprobe hilft dir: Feld → Fel der; Welt → Wel ten

2 Schreibe die fett gedruckten Wörter des Textes in die linken Spalten der Tabellen.
- Unterstreiche die Gefahrenstellen b/p, d/t, g/k. Achtung: Die dir bekannten Endbausteine -heit, -keit, -schaft und Verbformen auf -t brauchst du nicht zu überprüfen.
- Schreibe die Verlängerungen in die Spalten rechts. Unterstreiche die Buchstaben, die du hörbar gemacht hast.

So wendest du die Verlängerungsprobe an:
- *Mehrzahl bilden: Korb macher → Kör be*
- *Wir-Form bilden: schweig sam → wir schwei gen*
- *steigern: Klug heit → klü ger*
Sprich die Verlängerung in der Ro bo ter spra che. Achte auf den schwierigen Laut.

Gefahrenstellen b/p, d/t, g/k	Verlängerungsprobe	Gefahrenstellen b/p, d/t, g/k	Verlängerungsprobe
Feindschaft	*Fein de*		

3 Ergänze den fehlenden Buchstaben mit der Verlängerungsprobe.
Beispiel: Hupton → wir hu pen
- Trage die vollständigen Wörter im Rätsel ein. Hilf dir mit der Anzahl der Buchstaben.
  Streiche die verwendeten Wörter. Arbeite mit Bleistift.

6 Buchstaben: HU___TON; SEL___ST
8 Buchstaben: HAL___ZEIT; KLU___HEIT; ZU___VOGEL
9 Buchstaben: BIN___FADEN; DIE___STAHL; GEL___BÖRSE; KLE___STOFF; KRIE___SRAT; STAU___TUCH
10 Buchstaben: WIN___STÄRKE; SAR___DECKEL
11 Buchstaben: KAL___FLEISCH; PUM___STATION; SIE___TREFFER; SPU___SCHLOSS; UNGLAU___LICH;
          WEL___MEISTER
12 Buchstaben: SCHIL___BÜRGER

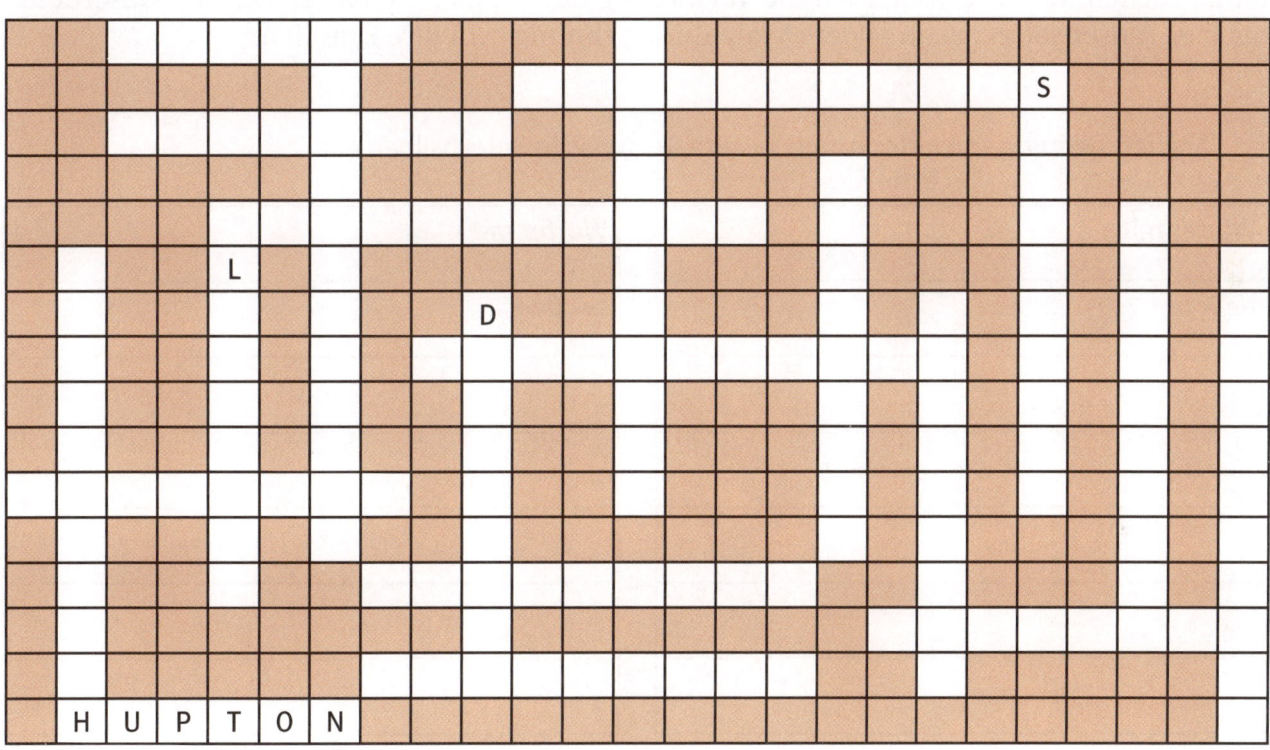

4 Weitere Wörter aus dem Text: Wende Strategien an.

beru___t (h/ ohne h?) *be ru hen*	Bu_____elei (d/dd?)	nü___lich (z/tz?)	Sch_____dlinge (ä/e?)
A_____eln (s/ss?)	J_____ger (ä/e?)	___ehör (g/G?)	Jagdtr_____b (i/ie?)
er sto___t(p/pp?)	Z_____rgärten (i/ie?)	Rasende___e(k/ck?)	Ha_____(l/ll?)
Schri_____e (t/tt?)	er flie___t (h/-?)	___iefe (t/T?)	he_____scht (r/rr?) → *Her ren*

5 **Check:** Kommentiertes Diktat (s. S. 6). Deine Partnerin/dein Partner erinnert dich bei Gefahrenstellen an geeignete Proben. Nach der Hälfte wird gewechselt.

s oder ß?

Armer Keiko
Am 15.12.2003 starb Keiko, der **riesige** Killerwal, an einer Lungenentzündung.
Oft las man in der Zeitung von seinem ungewöhnlichen Schicksal. Zwanzig Jahre verbrachte er in Gefangenschaft. Im **heißen** Mexiko schwamm er viele Jahre lang in einem **Außenbecken** im Kreis und spielte für Touristen den Spaßvogel.
Schließlich bekam er eine **böse Drüsenerkrankung**. Daher trat er in einem **gläsernen** Behälter per Flugzeug die **Reise** ins kältere Oregon an. Als ihn 1993 Filmproduzenten zum Hauptdarsteller eines Films machten, protestierten die Tierschützer.
Nach langer Vorbereitung entließ man ihn in die Freiheit der Meere. Dort sollte er sich an andere Wale **anschließen**. Doch der Versuch scheiterte. Er schaffte es nicht, sich selbst Futter zu suchen, und war weiter auf die Versorgung durch Menschen **angewiesen**. **Außerdem** blieb er **Außenseiter**, denn andere Wale **ließen** ihn nicht in ihre Familien.

(1) Alle fett gedruckten Wörter haben s-Laute. Trage sie in Sprechsilben ein.

Wörter mit s
rie si ge

Wörter mit ß
hei ßen

(2) Stelle fest, ob du s und ß unterschiedlich sprichst. Der Tipp hilft dir dabei.

Lege den Zeigefinger an den Kehlkopf.
Sprich zuerst „Rei se", dann „hei ße" laut in der Ro bo ter spra che. Mache vor s und β eine deutliche Pause.
Achte darauf, ob du beim Sprechen den Unterschied zwischen s und β tastest und hörst:
- *s wird gesummt, der Kehlkopf vibriert.*
- *β wird gezischt, keine Veränderung am Kehlkopf.*

Spürst du einen Unterschied zwischen s und ß? Unterstreiche: Ja – nein
Wenn ja: Lies in Aufgabe 1 alle Wörter so, dass du das gesummte s und das gezischte ß deutlich tastest und hörst.
Wenn nein: Verzichte auf die Aufgaben 3 und 4. Präge dir die 40 Wortfamilien mit ß in den Kästen auf S. 38 ein.

3 Lies die Wörter. Hörst du Unterschiede zwischen s und ß? _____

las, Kreis, Spaßvogel, schließlich, entließ

> *Am Ende einer Silbe klingen s und β gleich. Forme das Wort so um, dass der s-Laut an den Anfang der nächsten Silbe kommt. Sprich ihn so, dass man das Summen oder Zischen hört.*
> *Beispiel: Grashüpfer → Grä ser; Fußweg → Fü βe*

TIPP

- Wende für diese Wörter die Verlängerungsprobe an, wie es der Tipp empfiehlt.

las → le sen; _____

_____

4 **Bilderrätsel:** s oder ß am Wortende?
- Schreibe auf, was du auf dem Bild siehst. Schreibe die Verlängerung in Sprechsilben darunter. Sprich mit.
- Streiche oder ergänze die angegebenen Buchstaben.
  Finde den s-Laut am Ende des Wortes durch die Verlängerungsprobe heraus.

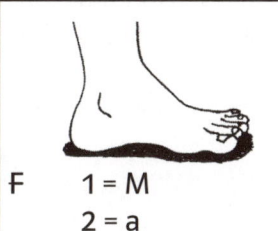

1.	Fuß
	→ Füße
2.	Maus
	→ Mäuse

F 1 = M
2 = a

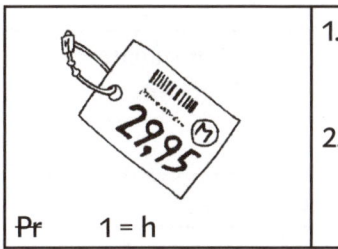

Pr 1 = h

1. Pr_____
   → _____
2. _____
   → _____

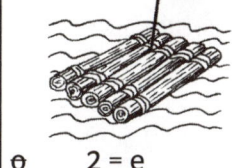

ө 2 = e

1. _____
   → _____
2. _____
   → _____

Str 1 = L

1. _____
   → _____
2. _____
   → _____

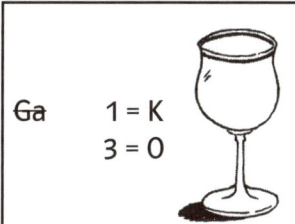

Ga 1 = K
3 = O

1. _____
   → _____
2. _____
   → _____

5 Wende bei den folgenden Wörtern aus dem Text mündlich Strategien an. Baue die Wörter in ein Wortgitter ein (s. S. 7).

starb, Lungenentzündung, Schicksal, schwamm, Touristen, gläsernen, Behälter, Flugzeug, kältere, Filmproduzenten, Hauptdarsteller, nahmen, er schaffte

6 **Check: Bei unterschiedlicher Aussprache von s und ß:** Partnerdiktat (s. S. 6). Mache beim Diktieren die s-Laute hörbar. Nach der Hälfte wird gewechselt.
Bei gleicher Aussprache von s und ß: Selbstdiktat (s. S. 6).

Wörter mit ß

Kleider machen Leute

Im 13. Jahrhundert lebte in der Türkei ein **großer** Gelehrter. Er hieß Nasreddin Hodscha. Als er einmal unterwegs war, überreichte ihm ein reicher Kaufmann eine Einladung zu einem Festmahl. In der Eile vergaß Hodscha sich umzuziehen und kam in Alltagskleidung zum Fest. Dort saß man bereits zu Tisch und aß **fleißig** Hammel am Spieß und köstliche Süßspeisen. Keiner beachtete Hodscha. Er verließ das Fest und zog zu Hause seinen besten Pelz an. Als er erneut im Hause des Gastgebers erschien, freute man sich scheinbar über alle **Maßen** über seinen Besuch. **Außerdem** ließ man ihm die leckersten Gerichte reichen und die besten Weine **eingießen**. Zur Überraschung aller Gäste nahm Hodscha einen Zipfel seines Pelzes und tunkte ihn in die **heiße Soße** auf seinem Teller. Dabei rief für alle hörbar: „Lass es dir schmecken, mein Pelz, denn dieser Aufwand ist nicht für mich, sondern für dich!"

1 Stelle fest (Tipp, S. 36), ob du s und ß unterschiedlich sprichst: Ro se – gro ße
- **Bei unterschiedlicher Aussprache:** Zische bei allen fett gedruckten Wörtern im Text das ß wie eine Schlange.
- **Bei gleicher Aussprache:** Mache gleich mit Aufgabe 3 weiter.

2 Unterstreiche im Text weitere Wörter mit ß, bei denen aber ß am Ende einer Silbe steht.
- Trage sie mit ihren Verlängerungen in die Tabelle ein. Sprich die Verlängerungen beim Schreiben in der Ro bo ter spra che, zische ß.

Wörter mit ß am Silbenende	ß hörbar machen → Verlängerungsprobe	Wörter mit ß am Silbenende	ß hörbar machen → Verlängerungsprobe
hieß	*wir hie ßen*		

3 Schreibe die Wörter mit ß mit mindestens einem Verwandten ins Heft.
Beispiel: wir aßen → ich aß; sie fraßen → Vielfraß
- Bei gleicher Aussprache von s und ß: Lerne die 40 Wortfamilien mit ß auswendig. Hilf dir durch Reime.

Wörter mit ß

nach a/ä	nach au/äu/eu	nach ei	nach o/ü	nach ie
(wir) aßen	außerdem	beißen	Soße	fließen
(sie) fraßen	außen	reißen	große	schließen
(wir) vergaßen	draußen	heißen	stoßen	schießen
Straße	Sträuße	schweißen	auf dem Schoße	sprießen
Maße	sich äußern	Meißel	Flöße	gießen
Späße	scheußlich	weiße	Grüße	aufspießen
gleichmäßig		heiße	Füße	genießen
gefräßig		fleißig	süße	ließen
		dreißig	büßen	

4 **Schiffe versenken** (2 Spieler)

Jeder trägt mit Bleistift auf Spielplan 1 waagerecht und senkrecht zwölf beliebige Wörter mit ß (s. Wörterliste, S. 38) ein.

Beide Spieler versuchen, die Wörter des Gegners durch Abfragen der Felder herausbekommen.

Beispiel: „A 3?" – „G";   B3?" – „Nichts"

Jeder darf so lange fragen, bis der Partner „nichts" antwortet. Die erfragten

Buchstaben des Gegners trägt man auf dem Spielplan 2 ein. Wenn man nicht getroffen hat, streicht man das Feld.

Sieger ist, wer als erster die zwölf Wörter des Gegners richtig aufgeschrieben hat.

Spielplan 1

	1	2	3	4	5	6	7	8	9	10	11
A											
B											
C											
D											
E											
F											
G											
H											
I											
J											
K											
L											
M											
N											
O											
P											

Spielplan 2

	1	2	3	4	5	6	7	8	9	10	11
A											
B											
C											
D											
E											
F											
G											
H											
I											
J											
K											
L											
M											
N											
O											
P											

5 Weitere Wörter aus dem Text: Unterstreiche sie im Text. Wende die Strategien 1 und 2 an.

hieß → *wir hie ßen*   überreichte → _____ ;

umzuziehen → _____ ; Alltagskleidung → _____ ;

verließ → _____ ; Gäste → _____ ;

tunkte → _____ ; lass → _____ ;

schmecken _____ ; Aufwand → _____

6 Einprägen: Trage die Wörter ein: *Gelehrter; Nasreddin Hodscha; Festmahl*

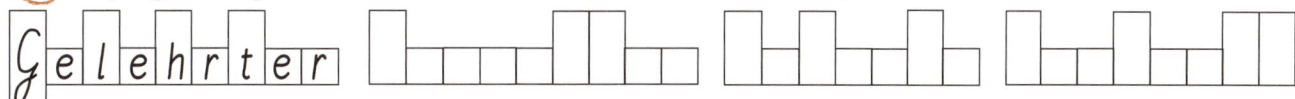

G e l e h r t e r

7 **Check:** Selbstdiktat (s. S. 6)

ß oder ss?

Bei Hochwasser nasse Füße
Du **solltest** einmal eine der zehn kleinen Inseln vor der Nordseeküste **Schleswig-Holsteins** besuchen. Sie heißen **Halligen**. Nur fünf sind **bewohnt**. Hier leben insgesamt 350 Menschen. Ihr Leben ist nicht immer spaßig: Es gibt keine **Brücken**, keine Straßen, keine **Läden**, nur einen Kiosk und einige Lokale für **Tagesgäste**. Die Einheimischen müssen für jeden Weg das **Boot** benutzen, in **Notfällen** kommt der Hubschrauber.
Eine **Hallig ragt** kaum aus der Nordsee heraus. Immer wieder wird die gesamte Insel **überschwemmt**. Doch die Einwohner wissen sich zu helfen: Ihre Häuser **thronen** auf Warften, das sind etwa fünf Meter **hohe angeschüttete Erdhügel**. Dort lassen sich sogar Sturmfluten **überstehen**.
Außer den Menschen leben hier **viele** Schafe. Auf den **Salzwiesen** fressen sie sich **satt**. **Außerdem** machen auf den unbewohnten Halligen im **Frühling** und **Herbst** auch **Zugvögel** Rast und **genießen** über alle Maßen die **Leckerbissen**, die sie im **Schlick** finden.
Also: Nichts wie hin, aber die **Gummistiefel** nicht **vergessen**!

1 Im Text findest du Wörter mit ss und ß. Unterstreiche sie. Schreibe sie in Sprechsilben auf.

Wörter mit ss	Wörter mit ss

Wörter mit ß	Wörter mit ß

2 Lies die Wörter aus Aufgabe 1 so, wie es dir der Tipp empfiehlt.

TIPP

Wende zur Unterscheidung von ss und ß die Gummiband-Probe an: „Kann ich den Vokal vor dem s-Laut wie ein Gummiband dehnen: Füüüüü ße?
Dann schreibe ich ß." Ich schreibe ss, wenn das Gummiband kurz ist: nas se.

3 Entscheide dich durch Mitsprechen (Gummiband-Probe) für ss oder ß. Setze den/die fehlenden Buchstaben in den Lücken ein. Markiere wie im Beispiel die richtige Antwort.

		ss	ß
1	Schlü ss el	E	A
2	Stra _____ e	N	I
3	bei _____ en	G	N
4	Se _____ el	E	S
5	Sü _____ igkeiten	R	N
6	Grü _____ e	F	B
7	au _____ en	U	O
8	Schlö _____ er	C	L

		ss	ß
9	schlie _____ en	F	K
10	aufpa _____ en	S	A
11	hei _____ e	A	C
12	fa _____ en	H	F
13	drei _____ ig	E	I
14	Flü _____ e	E	R
15	bü _____ en	B	ß
16	aufspie _____ en	L	E
17	Spä _____ e	G	N

• Trage die markierten Buchstaben der Reihenfolge nach in die Kästchen ein. Das Ergebnis ist eine Redensart. Sie bedeutet „einen groben Fehler machen".

1	2	3	4	5		6	7	8	9		10	11	12	13	14	15	16	17
E																		

4 Jedes fett gedruckte Wort im Text hat mindestens eine Gefahrenstelle. Unterstreiche sie.
  • Ordne diese Wörter unter den „10 häufigen Gefahrenstellen" passend ein.
    Manche Wörter musst du mehrmals aufschreiben.

10 häufige Gefahrenstellen:

1. **doppelter Konsonant** → *Halligen;* _____

_____

2. **hörbares h innerhalb des Wortes** → _____

3. **ie** → _____

4. **ä und äu** → _____

5. **Verbformen auf –t** → *solltest;* _____

6. **b/p, d/t, g/k am Silbenende** → *Hallig;* _____

7. **Wörter mit s-Lauten:** → _____

8. **Wörter mit v** → _____

9. **Wörter mit unhörbarem h:** → _____

10. **Weitere Wörter zum Einprägen** → _____

5 Wähle für die Gefahrenstellen in den Wörtern (von Aufg. 4) passende Strategien aus.

Mitsprechen: *Hal li gen;* _____

_____

_____

Erst überlegen, dann mitsprechen: _____

_____

_____

Einprägen: Lege aus den Wörtern unter 8–10 in Aufg. 4 ein Wortgitter an (s. S. 7).

6 Kassettendiktat (s. S. 6).

das oder dass?

Werbeanzeigen aus der Schülerzeitung

① Stört es dich, dass du so schlecht im Unterricht schläfst? Das kannst du ändern: Mit unseren Ohrstopfen wirst du auch durch die Pausenklingel nicht geweckt.

② Hast du beim Geschichtstest das Geburtsjahr Caesars, das dein Nachbar genau wusste, falsch abgeschrieben? Mit unserer Notenverbesserungsbrille schielst du sogar um die Ecke.

③ Hasst du es, dass du bei Klassenarbeiten so sehr schwitzt? Das ist kein Thema: Unser Super-Deo vertreibt sogar den strengsten Lehrer aus deiner Nähe.

④ Stöhnst du darüber, dass du im Unterricht unbequem sitzt? Unser Entspannungssessel lässt dich das langweiligste Fach ertragen.

⑤ Das Frühstücksbrot, das dir deine Mutter schmiert, reißt dich nicht vom Hocker? Mit unserer Handfritteuse in der Hosentasche kannst du in der Pause frische Pommes genießen.

1 Unterstreiche in den Anzeigen die Wörter „das" und „dass". Der Tipp hilft dir, sie richtig zu schreiben.

TIPP

Unterscheide „das" und „dass" mit der Ersatzprobe:
„Kann ich das Wort durch „dieses" oder „welches" ersetzen?"
Beispiel: Das (Dieses) ist eine gute Idee!
*   Das (dieses) Auto, das (welches) dort parkt, ist ein Ferrari.*
*   → Ersatzprobe klappt, also „das".*
Aber: Gut, dass (dieses?, welches?) du anrufst.
*   → Ersatzprobe klappt nicht, also „dass".*

2 Wende in den Werbeanzeigen (Aufgabe 1) bei „das/dass" die Ersatzprobe an: Schreibe „dieses" und „welches" darüber, wenn es einen Sinn ergibt. Wenn es nicht passt, machst du einen Strich.

3 Wende im folgenden Text „Schule vor hundert Jahren" bei „das/dass" mündlich die Ersatzprobe an.
  Ergänze entsprechend s oder ß.
  • Markiere bei jedem „das" die gerade Zahl in der Klammer dahinter rot, bei „dass" markierst du die ungerade Zahl blau.
  • Male im Rätselfeld die Felder mit den rot markierten geraden Zahlen rot aus.

Schule vor hundert Jahren

Wusstest du schon, da____ (1/2) vor hundert Jahren oft die Schüler aller Schuljahre gemeinsam unterrichtet wurden? Da____ (3/4) bedeutete, da____ (5/6) oft mehr als fünfzig Schüler gemeinsam in einem Klassenraum saßen. Da____ (7/8) ging nur dadurch, da____ (9/10) die Schüler die ganze Zeit still sitzen mussten. Damals war es noch erlaubt, da____ (11/12) die Lehrer da___ (13/14) Hinterteil eines Störenfrieds mit dem Rohrstock bearbeiteten. Auch da____ (15/16) Schüler mit der linken Hand schrieben, sahen die Lehrer gar nicht gern. Es geschah daher oft, da____ (17/18) da____ (19/20) Kind, da____ (21/22) mit der linken Hand schrieb, mit dem Stock Schläge auf die Fingerspitzen erhielt. Du würdest dich sicher über da____ (23/24) Schreibgerät wundern, da____ (25/26) man damals verwendete. Da Papier teuer war, war es üblich, da____ (27/28) man mit dem Griffel auf eine Tafel schrieb. Da____ (29/30) Schulgebäude war oft auch da___ (31/32) Haus, da___ (33/34) der Lehrer bewohnte.

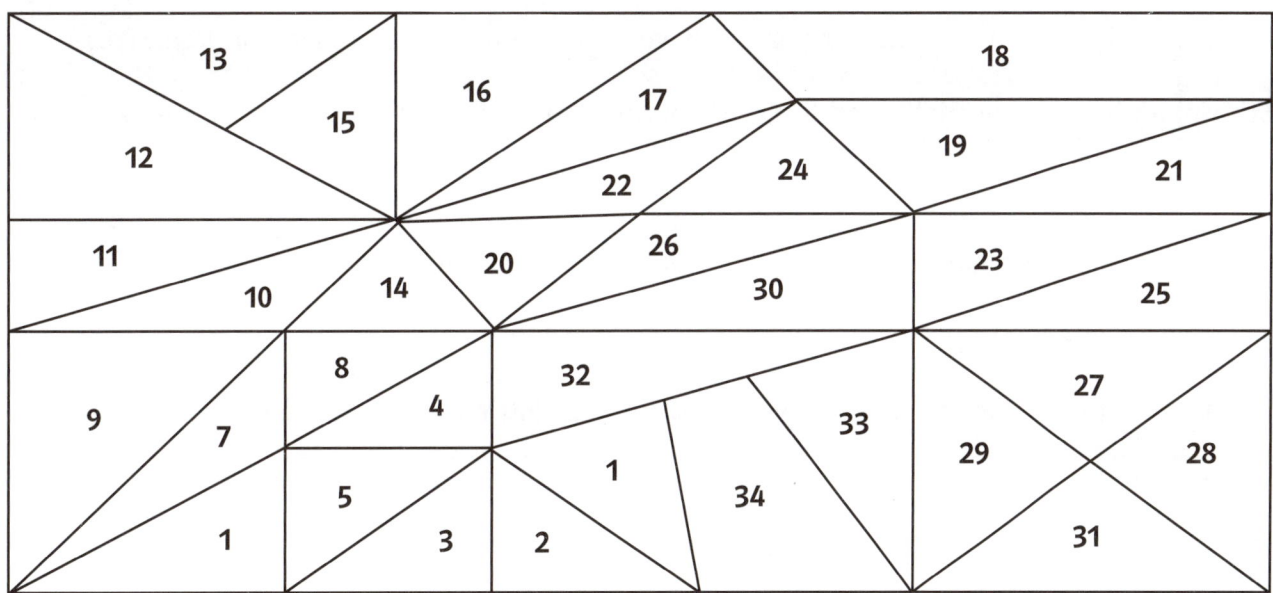

4 Weitere Wörter aus den Werbeanzeigen: Unterstreiche sie im Text. Schreibe sie vollständig ins Heft. Wende Strategien an.

___ndern; Verbe___erung; (du) sch___lst; (du) ha___t; vertrei___t; Entspa___ung___e___el; (er) l___sst; langweili___ste; Frü___stü___sbrot; (sie) schm___rt; (es) rei___t; genie___en

5 Schreibe aus den Werbeanzeigen mindestens fünf Wörter zum Einprägen heraus. Unterstreiche die Gefahrenstellen. Ordne die Wörter alphabetisch.

_____

6 Check: kommentiertes Diktat (s. S. 6). Wer schreibt wendet bei jedem das/dass laut die Ersatzprobe an.

Großschreibung

Wau, wau, mein Hund kann sprechen

Manche Hunde stellen sich mehrere Minuten lang auf ihre Hinterbeine. Andere Vierbeiner

bringen dem Herrchen die Zeitung. Aber kannst du dir vorstellen, dass der Pekinese Billy

drei Vornamen seiner Freunde aussprechen kann? Die Kinder hatten sie ihm immer wieder

vorgesagt.

Ein unbeteiligter Zuhörer berichtet: „Das war kein Trick und keine Hexerei: Billy fletschte

seine Zähne, stieß einen lauten Heulton aus und sprach dann mit der größten Deutlichkeit

diese Namen aus." Seitdem denken viele Wissenschaftler über das „Wunder" nach. Einige

Forscher haben schon eine Erklärung: „Billy verdankt sein Talent einer besonderen Form der

Stimmbänder. Das hat nichts mit Klugheit zu tun. Denn er plappert die Namen nur wie ein

Papagei vor sich hin."

Übrigens: Der Ruhm hat für das Tier, das sogar in einer Fernsehsendung aufgetreten ist, sei-

nen Preis: Seine Stimme ist inzwischen heiser geworden.

1 Trage unter jeder Probe möglichst viele Nomen/Substantive aus dem Text ein.

Anfass-Probe: „Kann oder könnte ich es anfassen?"	**Endbaustein-Probe:** „Endet das Wort auf -heit, -keit, -nis, -schaft, -tum, -ung?"
Hund; _____	*Zeitung;* _____
_____	_____
_____	_____

2 Wende die Artikel-Probe an.
 • Verbinde im Text Artikel und Nomen/Substantive durch Pfeile.
 Achtung: Manchmal hat sich ein Adjektiv dazwischen geschoben.
 Beispiel: *ein unbeteiligter Zuhörer*

3 Manche Nomen/Substantive im Text haben keine oder andere Begleiter.
 • Schreibe über diese Nomen den Artikel (s. Tipp).

Du hast Zweifel wegen der Großschreibung? Hilf dir dann immer mit der Artikel-Probe. Frage dich: „Könnte ein Artikel vor diesem Wort stehen?" Beispiel: mein Hund → der Hund

• Viele dieser Nomen/Substantive haben andere Begleiter. Schreibe sie auf.

mein, _____

_____

4 Korrigiere im folgenden Witz die Anfangsbuchstaben der Nomen/Substantive.
Hilf dir mit der Artikel-Probe.

• Trage die Nomen – mit großem Anfangsbuchstaben – mit ihren Artikeln links ein.
• Schreibe sie mit Bleistift senkrecht in den Wörterspieß.
• Das Lösungswort in den roten Feldern heißt:

— — — — — — — — — — — — .

Jeden morgen kommen einige schüler zu spät zum unterricht. Der lehrer möchte erst ein-mal keine strafe aussprechen, sondern diese kinder auf andere weise erziehen. Deshalb sagt er zu seiner klasse: „Alle trödler unter euch müssen ab jetzt beim letzten klingelton auf ihren plätzen sitzen. Welche vorschläge habt ihr, damit das klappt?" „Denjenigen klingeln lassen, der zuletzt kommt", bekommt er zur antwort.

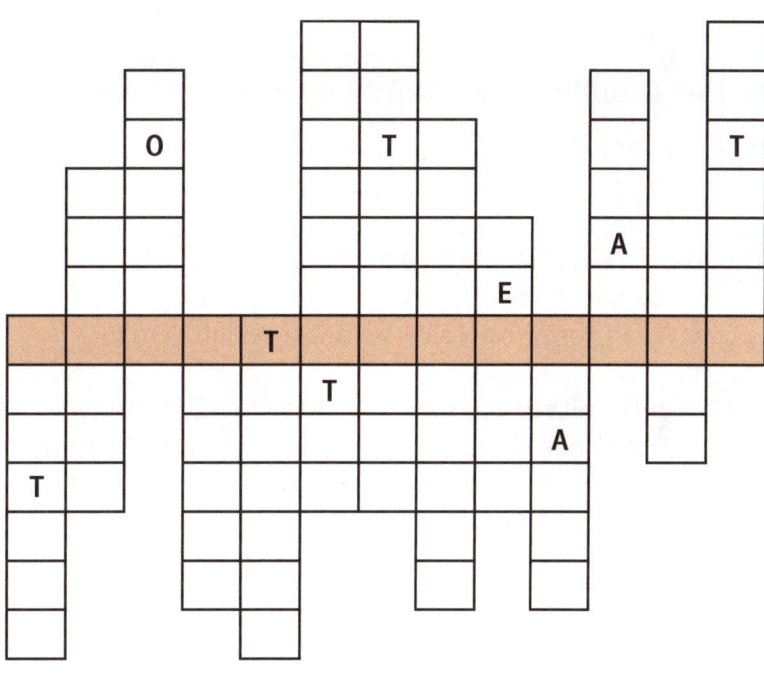

5 Wende in „Wau, wau…" bei „das/dass" die Ersatz-Probe an. Schreibe die Ersatzwörter „dieses" oder „welches" darüber. Ansonsten machst du einen Strich.

6 Schreibe die folgenden Wörter mit Gefahrenstellen untereinander ins Heft.
• Wende die passende Probe an. Schreibe ihren Namen auf (s. S. 9).
Beispiel: *unbeteiligter* → *wir be tei li gen* (Ableitungsprobe)

unbeteiligter; fletschte; stieß; größten; Wissenschaftler; Erklärung; Stimmbänder; Klugheit; übri-gens; Ruhm; Fernsehsendung; heiser

7 **Check:** Partnerdiktat (s. S. 6). Wer schreibt, wendet bei jedem Nomen laut die Artikel-Probe an.

Nominalisierte/substantivierte Verben

Acht tierische **Gebote**

Wir erinnern daran, dass wir von allen **Tieren** im **Zoo Höflichkei**t erwarten.

Das ist die neue **Zoo-Ordnung**:

1. Das Bespucken der **Besucher** ist für **Lamas** streng verboten.

2. Das Nachplappern von **Schimpfwörtern** ist den **Papageien** nicht erlaubt.

3. Gute **Tischmanieren** sind wichtig. Deshalb ist für **Menschenaffen** das Benutzen von **Messern** und **Gabeln Vorschrift**. Das Essen mit den **Fingern** ist verboten.

4. Den **Seelöwen** ist wegen der **Belästigung** durch **Spritzer** das Toben in den **Wasserbecken** untersagt.

5. Die **Löwen** haben das Brüllen, das vor allem nachts stört, zu unterlassen.

6. Zur **Vermeidung** von **Sonnenbrand** sollen die **Eisbären** das Spielen in der **Sonne** vermeiden.

7. Den **Giraffen** ist das Anfressen der **Laubbäume** verboten.

8. Die **Elefanten** müssen den **Wärtern** das Schaukeln auf den **Rüsseln** gestatten.

(1) Wende bei jedem fett gedruckten Nomen/Substantiv die Artikel-Probe an.
   - Zeichne Pfeile vom Artikel zum Nomen.
   - Wenn der Artikel fehlt, schreibst du ihn darüber.

(2) In der Zoo-Ordnung steht der Satz „Das Bespucken ist den Lamas verboten."
   - Zu welcher Wortart gehört „(wir) bespucken" normalerweise?
     Unterstreiche: Nomen/Substantiv – Verb – Adjektiv
   - Was zeigt dir, dass bei „Das Bespucken" das Verb zum Nomen geworden ist?

   _____

> *Ein Verb kann zum Nomen/Substantiv werden. Man nennt es „nominalisiertes/substantiviertes Verb". Es wird dann wie ein Nomen großgeschrieben. Wende auch hier die Artikel-Probe an: „Steht ein Artikel vor dem Verb? Könnte ein Artikel davorstehen?"*
> *Beispiel: Wir mögen das Schreien nicht.*

   - Suche im Text weitere nominalisierte Verben. Unterstreiche sie mit ihren Artikeln rot. Schreibe sie mit ihren Artikeln auf. Denke an die Großschreibung.

das Bespucken; _____

_____

_____

3 Rätsel. Wende im folgenden Text bei jedem fett gedruckten Wort die Artikel-Probe an. Schreibe dann das Verb in normaler Schreibweise darüber.
- Markiere alle nominalisierten Verben sowie die Zahl und den Buchstaben dahinter rot.
- Trage diese Buchstaben unter der dazugehörigen Nummer in die Kästchen ein.
  Das Lösungswort nennt eine wichtige Aufgabe Zoologischer Gärten.

Nachrichten aus dem Zoo

Anfassen
Das **ANFASSEN** (4: E), **STREICHELN** (6: S) oder **FÜTTERN** (10: T) der Delphine **GESTATTEN** (5: W) wir

nicht. Auf keinen Fall **DÜRFEN** (7: I) Menschen mit den Delphinen **SCHWIMMEN** (1: M).

Das **FÜTTERN** (2: R) der Nasenbären findet sonntags um 13.30 Uhr statt. Die Elefanten **FÜTTERN** (4: B)

wir eine Stunde später.

Das Pinselohrschwein und der Bärenstummelaffe sind vom **AUSSTERBEN** (8: H) bedroht. Seltene

Tierarten **VERSCHWINDEN** (8: D) oft durch die Zerstörung von Lebensraum. Auch Wilderei und Kriege

tragen zum **VERSCHWINDEN** (11: Z) mancher Tierarten bei.

In der Zooschule macht das **ZUHÖREN** (5: N) Spaß. Du solltest in der Dunkelheit den Tieren

ZUHÖREN (2: F). Das **BRÜLLEN** (7: C) des Löwen klingt unheimlich.

Ich sehe so gerne, wie Pinguine **WATSCHELN** (6: L). Gestern habe ich ein Flusspferd beim **GÄHNEN**

(9: U) beobachtet.

Im Streichelzoo ist das **SCHMUSEN** (3: T) erlaubt. Dort gibt es sogar ein Stachelschwein zum

KNUDDELN (1: A). Auf dem Pony darfst du **REITEN** (3: K).

1	2	3	4	5	6	7	8	9	10	11
			E							

4 Lege im Heft eine solche Tabelle an. Trage aus der Zoo-Ordnung mindestens 15 Wörter mit Gefahrenstellen ein. Gehe wie in den Beispielen vor.

Mitsprechen	Erst überlegen, dann mitsprechen	Einprägen
Be spuc ken	*Schimpfwörter → schimp fen*	*Zoo-Ordnung*

5 Mache in der Zoo-Ordnung bei jedem „das/dass" mündlich die Ersatzprobe.

6 **Check:** Kommentiertes Diktat (s. S. 6). Diktiere die acht tierischen Gebote. Warne bei jedem nominalisierten Verb: „Achtung! Artikel-Probe!".

Nominalisierte/substantivierte Adjektive

Genau das **Richtige** für alle, die Abenteuer lieben!

- Eine **rasante** Höllenfahrt in der Achterbahn mit einer **unglaublichen** Aussicht in den

  Abgrund bringt die **Mutigen** in die **richtige** Stimmung.

- Die **Großen** können sich bei „Piranha" in die **tosenden** Fluten der **gewaltigen**

  Gebirgsbäche stürzen.

- Die **Jüngeren** werden von der Wildwasserbahn begeistert sein.

- Ein **langer** Roboterarm wirbelt die **Schwindelfreien** durch die Luft.

- Wer das **Orientalische** mag, schwebt in den **bequemen** Gondeln durch die Wunderwelt

  aus 1001er Nacht.

- Die **Hungrigen** und **Durstigen** stärken sich in der **kleinen** Piratenklause bei Pommes,

  Limo und einer **leckeren roten** Grütze.

- Ein Spaß für die **Übermütigen** unter euch: Bei einer Kanutour durch den Urwald

  mit Wasserpistolen andere Boote aufs Korn nehmen.

- Unvergesslich: Im **Dunkeln** wird der **riesige** Zauberpark in ein **feuriges** Rot getaucht.

(1) Begründe die unterschiedlichen Anfangsbuchstaben. Zeichne dazu Pfeile vom Artikel zum dazugehörigen Nomen.
Überschrift: *Genau das Richtige für alle*

1. Satz: *die richtige Stimmung*

> *Ein Adjektiv kann zum Nomen (Substantiv) werden. Es wird dann großgeschrieben. Wende auch hier die Artikel-Probe an: „Steht ein Artikel davor und kein Nomen dahinter?"*
> *Beispiel: Das Blau gefällt mir. Aber: Die blauen Jeans gefallen mir.*

- Zeichne auch bei den anderen fett gedruckten Adjektiven Pfeile vom Artikel zum dazugehörigen Nomen.
- Markiere die nominalisierten Adjektive rot. Schreibe sie mit ihren Artikeln auf.

das Richtige; _____

_____

_____

2 Bei den Adjektiven im Text „Im Freizeitpark" fehlen die Anfangsbuchstaben.
Ergänze sie mit Hilfe der Artikel-Probe.
• Kreuze danach die zutreffenden Buchstaben in den Spalten daneben an und trage sie unten in die Kästchen ein. Als Lösung kommt ein Tipp heraus.

Im Freizeitpark	Nominalisiertes Adjektiv	Adjektiv
1. Das ___lau (b/B?) des Wassers leuchtet in der Sonne.	K	B
2. Ich stürze mich in die ___lauen (b/B?) Fluten.	A	O
3. Am Ufer habe ich ___laue (b/B?) Sumpflilien gesehen.	R	N
4. Die Marionetten sind ___eurer (t/T?) als die Ritter.	E	T
5. Das ___eure (t/T?) ist nicht automatisch gut	R	A
6. Das ___eure (t/T?) Schwert kauft keiner.	A	O
7. Ich habe meine ___euen (n/N?) Turnschuhe an.	T	L
8. Eine ___eue (n/N?) Attraktion ist das Bungeespringen.	U	L
9. Der ___eue (n/N?) in unserer Klasse ist ein netter Typ.	I	A
10. Die ___ahmen (l/L?) fahren mit dem Elektroboot.	E	F
11. Meine ___ahmen (l/L?) Freunde wollen ins Kino.	F	R
12. Da reite ich lieber auf einem ___ahmen (l/L?) Pony.	G	E
13. Das Spiegelkabinett ist ein ___esonderer (b/B?) Spaß.	N	D
14. Eine ___esondere (b/B?) Idee ist auch das Tierballett.	N	I
15. Das ___esondere (b/B?) daran ist der Elefantentanz.	C	K
16. Magst du dieses ___esondere (b/B?) Spagettieis?	G	H

Der Tipp heißt:

1	2	3	4	5	6	7	8	9	10	11	12		13	14	15	16

3 Geh den Text „Genau das Richtige … " (S. 48) noch einmal genau auf Wörter oder Wortteile mit Gefahrenstellen durch. Schreibe je zwei Beispiele auf, wende Strategien an.

Strategie/Probe	Anwendung bei Wörtern aus dem Text
1: Ro bo ter spra che	
1: Probe auf ie	
2: Ableitungsprobe	
2: Verlängerungsprobe	
2: s-Laut-Probe	
3: Einprägen	

4 Kommentiertes Diktat (s. S. 6). Deine Partnerin/dein Partner diktiert den Text „Genau das Richtige …". Sie/er warnt dich bei jedem nominalisierten Adjektiv: „Achtung! Artikel-Probe!"

Aufzählungen/Satzschlusszeichen

Die Stockwerke des Urwalds
Stell dir den Tropischen Regenwald wie ein Haus mit **mehreren Etagen** vor!
In das Erdgeschoss dringt kaum Licht. Deshalb können auf dem Waldboden nur Farne,
Flechten und **Moose** gedeihen. Raubtiere schleichen sich selten heran. Aber es wimmelt von
Insekten, **gefährlichen** Ameisen und Giftschlangen.
Und im Obergeschoss? Das Blätterdach „normal" hoher Bäume wird von Licht durchflutet.
So **wächst** genug **Nahrung.** Hier tummeln sich die meisten Tiere. Alle müssen gut klettern
oder fliegen können. Oft ist ihnen durch das Grün die Sicht versperrt. Papageien, **Zikaden,**
Baumfrösche und Brüllaffen rufen, locken und warnen sich deshalb mit lauten Geräuschen.
Das Singen, das Trillern, das Kreischen, das Brüllen und das Knarren ist überall zu hören.
Die Kronen einzelner Baumriesen bilden das Dachgeschoss. Sie heißen „Überständer". Nur
wenige Tiere können deren Höhe bis zu 75 Metern erreichen.
Jedes Stockwerk ist eine kleine Welt für sich. Die „Mieter" bleiben meist unter sich.

(1) Schreibe die sechs Aufzählungen mit den dazugehörigen Satzzeichen ab.

Trenne die Wörter einer Aufzählung durch Komma voneinander. Setze kein Komma, wenn sie durch „und" oder
„oder" miteinander verbunden sind.
Beispiel: Hier leben Wildschweine, Antilopen und Hirsche.

Farne, _____

_____

_____

_____

_____

(2) Unterstreiche im Text die Aufforderung blau, die Frage grün.

(3) Im folgenden Text fehlen Satzschlusszeichen.
Setze sie ein und kreuze die Begründung dafür an. Trage die Lösungsbuchstaben in die Kästchen
darunter ein. Sie nennen den Namen eines Tieres, das im Regenwald lebt.

Verwende diese vier Satzschlusszeichen:

Aussagesatz	*Fragesatz*	*Ausruf*	*Aufforderung*
.	?	!	!

Eine Nacht im Dschungel

		Aus-sage	Frage	Ausruf	Auffor-derung
1. Da _!_	1.	A	S	~~P~~	U
2. Ein Knacken ____	2.	W	O	F	M
3. Überall leuchtende Punkte ____	3.	B	C	E	Ä
4. Würdest du gern einmal „Natur pur" erleben____	4.	X	I	Ü	P
5. Dann begleite uns ____	5.	T	Z	A	L
6. Komm mit in die Nacht des Dschungels____	6.	O	K	F	G
7. Was ist in der Nacht anders ____	7.	Z	I	H	D
8. Neue Geräusche sind zu hören____	8.	F	G	L	A
9. Auf allen Seiten raschelt und knackt es_____	9.	T	Q	P	K
10. Es ruft und schreit vor, über und neben dir ____	10.	F	N	H	C
11. Erkennt man etwas in der Dunkelheit ____	11.	A	R	B	Ä
12. Du siehst unzählige leuchtende Insekten ____	12.	O	V	P	M
13. Ob man auch große Tiere beobachten kann ____	13.	E	S	V	Q
14. Du kannst sie nicht sehen, aber spüren____	14.	C	M	G	S
15. Ein unvergessliches Erlebnis_____	15.	Ä	I	H	P

Das Lösungswort heißt:

1	2	3	4	5	6	7	8	9	10	11	12	13	14	15
P														

4 Schreibe aus „Die Stockwerke des Urwalds" die Wörter mit doppeltem Konsonanten ins Heft. Wende geeignete Strategien an.
Beispiel: *Stockwerk* → *Stöc ke*

5 Weitere Wörter aus dem Text: Unterstreiche die Gefahrenstellen. Wende die passende(n) Strategie(n) an.

gedeihen → _____ ; Raubtiere → _____ ;

Insekten → _____ ; Geräusche → _____ ;

Überständer → _____ ; Mieter → _____

6 Fünf Verben und ein Adjektiv sind zu Nomen geworden. Schreibe sie mit ihrem Artikel auf.

_____

_____

7 Wörter zum Einprägen: Ordne die sieben fett gedruckten Wörter nach ihrer Buchstabenzahl.

8 **Check:** Kommentiertes Diktat (s. S. 6): Deine Partnerin/dein Partner warnt dich rechtzeitig: „Achtung! Aufzählung!"

Direkte Rede

Wenn Tiere sprechen könnten

1. Der Hamster putzt sich auf deinem Schoß und sagt damit: „Bei dir fühle ich mich wohl."

2. „Hier bin ich der Boss!", meint ein Hund, wenn er knurrt und dich anstarrt.

3. „Bei Gefahr stelle ich mich tot", verrät der Goldhamster, „denn meine Räuber sind auf verwesende Tiere nicht scharf."

4. „Ich mag dich", vertraut dir das Meerschweinchen an, wenn es dich ableckt.

5. Wenn der Wellensittich seinen Kopf schief hält, fordert er dich auf: „Kraul mich doch!"

6. „Ich maunze und schnurre doch", protestiert die Katze, „wann streichelst du mich endlich?"

7. Wenn sich ein Kaninchen vor dir aufrichtet, heißt das: „Warum kommst du mir so nahe?"

8. „Was ist da los?", würde eine Ratte neugierig fragen, wenn sie mit erhobenen Pfoten Männchen macht.

9. „Ich erkenne doch schon deine Überlegenheit an", meint die Katze, wenn sie deinem Blick ausweicht, „hör auf zu streiten!"

1 Lies den Text laut. Sprich wie in einem Hörspiel die direkte Rede der Tiere und die Begleitsätze des Erzählers mit unterschiedlicher Stimme.
- Markierte jede direkte Rede mit einer blauen Wellenlinie.
- Unterstreiche jeden Begleitsatz rot.

> **TIPP**
> *Die direkte Rede wird im geschriebenen Text in Anführungszeichen gesetzt. Der Begleitsatz kann vor oder nach der direkten Rede stehen oder in die direkte Rede eingeschoben sein.*

2 Geheimzahl suchen. Gehe Schritt für Schritt vor, wie es dir die Beispiele zeigen.
- Prüfe im Diktattext bei jedem Satz, wo der Begleitsatz steht. Trage die Satznummern unter dem passenden Satzmuster in der linken Spalte ein.
- Schreibe die Satzmuster, die du in Aufgabe 1 eingetragen hast, alle Satzzeichen und das erste Wort hinter der Schnittstelle von Begleitsatz und direkter Rede in die mittlere Spalte (s. Beispiel).
- Trage die Satzart in die rechte Spalte ein.

Der Begleitsatz (＿＿＿) steht vor der direkten Rede (＿ ＿ ＿):

Nr. des Satzes	Satzmuster	Satzart der direkten Rede: Aussage, Frage, Ausruf oder Aufforderung?
1	＿＿＿＿＿: „Bei ＿ ＿ ＿ ＿ ＿ ＿."	*Aussage*

Summe der drei Satznummern: _____

Der Begleitsatz (____) steht hinter der direkten Rede (_ _ _):

Nr. des Satzes	Satzmuster	Satzart der direkten Rede
2	„_ _ _ _ _!", meint _____.	

Summe der drei Satznummern: _____

Der Begleitsatz (____) ist in die direkte Rede (_ _ _) eingeschoben:

Nr. des Satzes	Satzmuster	Satzart der direkten Rede
3	„_ _ _ _ _", verrät_____, „denn_ _ _ _ _."	

Summe der drei Satznummern: _____

- Addiere in jeder Satzbox die drei Satznummern. Schreibe sie darunter.
- Schreibe die Zahlen der drei zweistelligen Summen hintereinander auf:
  Die Geheimzahl lautet: _____.

3) Zeige, dass du Gefahrenstellen in Wörtern erfolgreich überwinden kannst.

- Schreibe aus „Wenn Tiere sprechen können" die Wörter mit doppeltem Konsonanten ins Heft.
  Wende geeignete Strategien an.
  Beispiel: *wenn* → einprägen
- Wende die Probe auf ie an: *neugierig, schief, Kaninchen, protestiert*

_____

- Artikel-Probe: Schreibe die Nomen/Substantive heraus, die keinen Artikel bei sich haben.
  Ergänze den Artikel.

die Tiere; _____

_____

4) **Check.** Partnerarbeit: Verteilt zwei Sprecherrollen: 1. Tierstimmen, 2. Sprecher der Begleitsätze. Übt zunächst, den Text mit verteilten Rollen langsam und deutlich zu sprechen. Schreibt dann ein Kassettendiktat (s. S. 6).

Training für den Abschluss-Check

Nimm dir dazu die Wörterliste (S. 56–58) und ein Schreibheft vor.
Trainiere in jeder Trainingseinheit etwa 20 Wörter aus der Wörterliste. Schreibe jedes Wort in eine neue Zeile.

- Unterstreiche die Gefahrenstelle(n) eines jeden Wortes. Die Stellen, die für dich besonders gefährlich sind, unterstreichst du doppelt.

- Überlege dir, nach welcher/welchen Strategie(n) du jeweils vorgehen möchtest.

  - **Mitsprechen**
    Wenn du eine Gefahrenstelle durch Mitsprechen überwinden kannst: Schreibe das Wort in Sprechsilben auf. Sprich in der Ro bo ter spra che mit. Höre genau hin.
    Unterstreiche ie am Ende der Silbe. Sprich mit und achte genau auf die Laute, wie du es gelernt hast.

  - **Erst überlegen, dann mitsprechen**
    Wenn du eine Gefahrenstelle durch „Erst überlegen, dann mitsprechen" überwinden kannst: Wende geeignete Proben an.

  - **Einprägen**
    Wenn dir bei Gefahrenstellen weder Strategie 1 noch Strategie 2 helfen:
    Schreibe „Einprägen" hinter das Wort. Trainiere diese Wörter nach einer Methode deiner Wahl.

Abschluss-Check

- Deine Partnerin/dein Partner diktiert dir bei jedem Training etwa 20 Wörter aus deiner Wörterliste, aber nicht in alphabetischer Reihenfolge. Sie/er setzt in deiner Wörterliste einen Haken hinter jedes diktierte Wort.

- Selbstkontrolle: Vergleiche nach dem Diktat selbstständig mit der Vorlage. Bei der Suche nach den Wörtern in der Wörterliste hilft dir das Alphabet. Markiere in deiner Wörterliste blau die richtig, rot die falsch geschriebenen Wörter.

- Mache nach jedem Diktat ein kurzes Aufbautraining.

Aufbautraining

- Kopiere mehrfach das „Modell für Berichtigung und Fehleranalyse" auf der hinteren Umschlaginnenseite oder schreibe es ohne Beispiele ab. Notiere rechts oben jeweils das Datum des Checks.

- Sieh dir jedes rot markierte Wort genau an. Versuche wie im Beispiel den Fehler aufzudecken. Trage das Wort – richtig geschrieben – im „Modell" unter der passenden Strategie ein. Unterstreiche die verbesserten Buchstaben.

So deckst du einen Fehler auf:	So schreibst du die richtig geschriebene Fehlerstelle auf:
anschießend → durch die Ro bo ter spra che feststellen, dass ein Buchstabe fehlt	unter „In der Robotersprache lesen und schreiben" in Sprechsilben eintragen: an schlie ßend
anschlißend → Probe auf ie: i-Laut am Ende der Silbe? Gummibandprobe	unter „Probe auf ie" in Sprechsilben eintragen: an schlie ßend
anschliesend → ß am Anfang der Silbe zischen oder → Wörter mit ß (S. 38) wiederholen (Stichwort „schließen")	unter „s-Laut-Probe" in Sprechsilben eintragen: an schlie ßend unter „Einprägen" eintragen, wenn du s und ß mit demselben Laut aussprichst
anschließent → durch Verlängern „d" hörbar machen	unter „Verlängerungsprobe" in Sprechsilben eintragen: an schlie ßen de

- Vergleiche den aktuellen Check mit dem vorherigen: Wo hat sich deine Leistung verändert? Schreibe, wenn du möchtest, die Veränderung in jedem Bereich an den Rand, z. B. –3 F.
- Lass dir beim nächsten Check die rot markierten Wörter mitdiktieren.

Viel Erfolg!

Fachbegriffe

Lateinische Bezeichnung	Deutsche Bezeichnung	Beispiele
Vokal	Selbstlaut	a, e, i, o, u
Konsonant	Mitlaut	b, c, d, f, …
Doppelkonsonant	zweimal derselbe Mitlaut	ll, ss, tt, …
Nomen/Substantiv	Dingwort, Hauptwort, Namenwort	Mann, Frau, Haus
Singular	Einzahl	der Mann, die Frau, das Haus
Plural	Mehrzahl	die Männer, die Frauen, die Häuser
Artikel	Begleiter, Geschlechtswort	der, die, das, dem, den, des, ein, …
Verb	Tätigkeitswort, Tuwort, Zeitwort	(ich) spiele, …
Wir-Form des Verbs	1. Personalform Plural	wir spielen, wir laufen, …
Präsens	Zeitform der Gegenwart	ich spiele, du läufst, …
Präteritum	Vergangenheitsform	ich spielte, du liefst, …
Adjektiv	Eigenschaftswort	laut, gut, …
Anredepronomen	Anredefürwort	du, ihr, Sie, Ihnen, …

Liste der geübten Wörter (500 Wörter)

A

Abenteuer
Abgrund
abkühlen
Achterbahn
allmählich
ändern
anfällig
Angriff
ängstlich
Anhänger
anstarren
Äpfel
Apfelsine
aß (man)
Äste
auffangen
aufpassen
aufspießen
Auftritt
Aufwand
außen
Außenbecken
Außenseiter
außerdem
äußerlich
Aussicht
Auswirkung
Autounfall

B

Badewanne
Bäume
bedrückt (es)
Behälter
Beispiel
beißen
Belästigung
bellt (er)
bereuen
Berliner
bespucken
bestellte (sie)
Beute
Bewegung
Bewohner
Biber

Bindfaden
Blätter
bleibt (er)
Blick
blieb (er)
blind
Boot
Boss
Brett
Brühe
buchstabieren
buddeln
Burggraben
büßen

D

dann
dauernd
Delikatessen
denn
Detektive
Deutlichkeit
Diebstahl
dieses
Dirigent
Dompteur
doppelt
draußen
dreißig
drohend
Druck
durstig

E

Eindruck
eingezäunt
Eisbär
entließ (man)
entstehen
Erdbeben
Erdgeschoss
Erfolg
Erklärung
ernähren
erschrocken
erwärmt
Etage

Eule
Experte

F

fantastisch
färben
fassen
Fäuste
Feindschaft
Feldrand
Fell
Felsspalte
fertig
fiel (es)
Filmproduzent
fleißig
fletschte (er)
flieht (sie)
Fliesen
fließen
Floß
Flugzeug
Flüsse
Flüssigkeit
Forscher
fraßen (wir)
Fräulein
Freude
Freund
freundlich
Friedhof
frieren
Frisör
Friteuse
früh
Frühling
Frühstück
fühlen
Fund
Fuß

G

Gänge
Gardine
Gärten
Gäste
Gebäude

Gebirgsbäche
gedeihen
gefährlich
gefräßig
gefüllt
Gegenseitigkeit
Gegenspieler
gegnerisch
Geldbörse
Gelehrter
genießen
gepresst
Geräusche
Gestalten
Getränk
gewaltig
Gewässer
Geweih
gießen
Giraffe
Gitarre
Gitterstäbe
gläsern
glauben
gläubig
gleichmäßig
Glück
glühen
Gondel
große
Grundstück
Grüße
Gummistiefel

H

Halbzeit
Hall
Hände
hasst (du)
Hauptdarsteller
heimlich
heiß
heißen
Herbst
Herrchen
herrscht (es)
heulen

heute
Hexerei
hieß (er)
Hochwasser
Hocker
Höflichkeit
Höhe
hohl
Hölle
Horizont
hungrig

I
Idee
Insekten

J
Jagd
Jäger
Jahre

K
Kabine
Käfig
Kahn
Kalbfleisch
kälter
Kamin
Kaninchen
Kästen
Kessel
Keule
Kino
klappte (er)
Klebstoff
klemmt (er)
klettern
Klima
Kloß
Klugheit
knallt (er)
knapp
knarrt (es)
knurrt (er)
knusprig
komisch
Kompost
könnten (sie)
konstruieren

Korb
kränklich
Kräuter
Kreis
Krieg
Kuh
Kusine

L
lächelt (er)
Läden
länger
langweilig
las (er)
lass
lässt (er)
Laubbäume
Läufer
Laus
Lawine
Leckerbissen
legt (er)
Lehm
Liebling
ließ (man)
Limonade
Lineal
locken
Luftmatratze

M
mag (sie)
mähen
Manege
Männchen
Mannschaft
Margarine
Maschine
Maße
Masken
Mäuse
mehrere
Meißel
meistens
Methode
Mieter
Minuten
miteinander
Mitglied

Mitleid
Moos
Mühe
Mühle
mürrisch
müssen

N
Nächte
Nähe
nähen
Nahrung
nämlich
nass
neugierig
nie
Niete
normalerweise
Notfälle
nützlich

O
Ohr
orientalisch

P
Panik
Papagei
passiert (es)
pfiffig
Pfoten
Pilot
Pirat
plappern
Pommes
Preis
Presse
protestieren

Q
quetschen

R
rächen (sich)
ragt (er)
rasant
Rasen
Räuber
Raubtiere

Räucherkerze
Räume
reagieren
Reihe
reißt (es)
Rekord
riesige
Risiko
Rollladen
rollte (er)
rostig
Routen
Rücken
Ruhe
Ruhm
Rüssel

S
Säcke
säen
Sanitäter
Sargdeckel
saß (man)
satt
säubert (er)
Säugetiere
Säugling
schädlich
schafft (sie)
schaukeln
Scheune
scheußlich
Schicksal
Schiedsrichter
schief
schielen
schießen
Schildbürger
Schimpfwort
schlafend
Schläge
Schläuche
schmecken
schmiert (sie)
schmunzeln
schnappt (er)
Schnellbahn
schnurrt (sie)
Schoß

Schränke
schrecklich
Schredder
schrill
Schritte
Schuh
Schultern
Schüssel
Schwamm
schwatzen
schwebt (sie)
schweißen
Schwierigkeit
Schwimmbäder
selbst
Sessel
Siegtreffer
Skelett
soff (es)
solche
solltest (du)
Sonnenbrand
sorgte (sie)
Soße
spannend
Späße
später
Spieß
Spinat
Spinnweben
sprießen
sprühen
Spukschloss
starb (sie)
stärken
Staubtuch
steht (es)
stellte (er)
steuern
stieß (er)

Stimmung
Stockwerk
stöhnst (du)
stoppt (er)
stoßen
Straße
Sträuße
streunen
Stuhl
Süßspeisen

T

tanzen
Tapferkeit
taugte (es)
Tennisplätze
Termine
Terrasse
Teufel
Thema
thronen
Tiefe
Tiger
Tischmanieren
Titel
tosend
Tourist
transportieren
Träume
traurig
trieb (es)
trillern
trottete (er)
Tücke
tummeln

U

Übeltäter
überall
überlebte (er)

Überlegenheit
überreichen
überschwemmt
überstehen
übrigens
Umgebung
Umwelteinfluss
unruhig
untätig
Untergrund
unterwegs
Urlaub

V

Verbesserung
verdienen
vergärt (er)
vergaß (er)
vergessen
verirren
verlieren
verließ (er)
Vermeidung
verrät (er)
versammeln
versperrt
Verstecke
versteht (es)
Versuch
Verteidiger
vertreibt (es)
verzeihen
Video
Vielfraß
volljährig
Vollmond
vollständig
vorbei
Vorfahren
Vorfall

Vorfreude
Vorführung
vorgestern
vorher
vorhin
Vorschrift

W

wächst (es)
Wälder
Walpurgisnacht
Wärter
Warzen
Wasserpistolen
wehen
Wellensittich
wenn
Werkzeug
wichtig
Wiedersehen
wimmeln
Windstärke
Wirbelwind
wirkt (er)
Wissenschaft
wisst (ihr)
wohl
Wohnung
Wut

Z

Zähne
Zeh
zerhäckselt
Ziegenböcke
zieht (er)
ziellos
Ziergärten
Zitrone
zufrieden
Zug

Quellen und Literatur:

S. 12: Die erste Untergrundstadt der Welt; nach: Fein, Egon: 1000 unglaubliche Geschichten. Bindlach: Loewe-Verlag, 2001, S. 79.
S. 14 u. 16: Tierische Missverständnisse; nach: Lange, Monika: Mit Katz und Hund auf du und du – ein Tiersprachführer. Mit Illustr. v. Nikolaus Heidelbach. Reinbek bei Hamburg: Rowohlt Taschenbuch Verlag, 2000.

Müller, Michael: Gehirngerechte Rechtschreibstrategien. Trainingsband. Mainz: Matthias Grünewald 2002.

Lösungen

S. 10 **Aufg. 1:** auffangen → auf fan gen (1, Ro bo ter spra che); erschrocken → er schroc ken (1, Ro bo ter spra che); sprühen → sprü hen (1, Ro bo ter spra che), Mitglieder → Mit glie der (1, Probe auf ie); fär ben → Farbe (2, Ableitungsprobe); Ge bäu de → Bau (2, Ableitungsprobe); (es) knarrt → wir knar ren (2, Ableitungsprobe) sie bestellte → wir be stel len (2, Ableitungs-probe); Urlaub → Ur lau ber (2, Verlängerungsprobe); Rekord → Re kor de (2, Verlängerungs-probe); Zug → Zü ge (2, Verlängerungsprobe); Brett → Bret ter (2, Verlängerungsprobe); Rasen → Ra sen (2, s-Laut-Probe); a ßen→ (2, s-Laut-Probe); Wut → die Wut (2, Artikel-Probe); Tapfer-keit → Tapfer<u>keit</u> (2, Endbaustein-Probe); Lehm → 3, Einprägen

S. 11 **Aufg. 3:** Check: 1. Mitsprechen, Erst überlegen, dann mitsprechen, Einprägen; 2. Ro bo ter spra che; 3. Ende, Gummiband; 4. Wortverwandte mit a, Ableitungsprobe, Träger → tra gen; 5. Wortverwandte mit au, Ableitungsprobe, Käufer → kau fen; 6. Wir-Form, Er fällt → wir fal len; 7. Verlängerungsprobe, Rad → Rä der, gab → wir ga ben, trug → wir tru gen; 8. Verlän-gerungsprobe, nett → net ter; 9. s, ß und ss; 10. Anfass-Probe, Artikel-Probe, Endbaustein-Pro-be; 11. Endbausteine: -heit, -keit, -nis-, -tum, -ung, -schaft; 12. mitsprechen, hören. Strategien: überlegen, einprägen

S. 12 **Aufg. 1:** Strategie 1: Ro bo ter spra che: ent ste hen; ho her; dop pelt; Probe auf ie: Tie fe; rie si ge; Strategie 2: Ableitungsprobe: ragte → wir ra gen; bleibt → wir blei ben; Verlängerungspro-be: fertig → fer ti ger; knapp → knap per; s-Laut-Probe: heißen → hei ßen; riesige → rie si ge; Proben für die Großschreibung: Geld → Anfass-Probe/Artikel-Probe; Erdbeben → Artikel-Pro-be; Auswirkung → Endbaustein-Probe, Artikel-Probe

S. 13 **Aufg. 2:** Kulturzentrum → Kul tur (Strategie 1), Zent rum (1); Tennisplätze → Ten nis (1), Plätze → Platz (2); Schwimm → schwim men (2), Bäder → Bad (2); Rolltreppen → roll → rol len (2), Trep pen (1); Schnellbahn → schnell → schnel ler (2), Bahn (3); Grundstücke → Grund → Grün de (2); Stücke → Stüc ke (1); Erdbeben → Erd → Er de (2), beben → be ben (1); Umwelteinflüs-se → Umwelt → Wel ten (2); Einflüsse → Ein flüs se (2)
Aufg. 3: gefährliche → Gefahr (Ableitungsprobe); gefährlich (Einprägen); schädliche → Schaden (Ableitungsprobe, Verlängerungsprobe)

S. 15 **Aufg. 2:** Strategie 1: normalerweise → nor ma ler wei se; meistens → meis tens; Schultern → Schul tern; zufriedenen → zu frie de nen; selbstsicheren → selbst si che ren; solche → sol che; reagieren → re a gie ren
Strategie 2: schlafend → schla fen de; Korb → Kör be; er schnappt → wir schnap pen; ängst-licher → Angst; Gitterstäbe → Stab; Käfig → Kä fi ge; Angriff → An grif fe; versteht → wir ver ste hen; dauernd → dau ern de; Umgebung; er lächelt → wir la chen; Eindruck → Ein drüc ke
Strategie 3: Dompteur; Manege; nämlich; Zähne; gefährlich

S. 18 **Aufg. 3:** 4 Sprechsilben: Wal pur gis nacht; Zie gen böc ken; Bewegungen; Spin nen bei ne – 5 Sprechsilben: Him mels rich tun gen; Nar ben ge sich tern; De li ka tes sen; A mei sen brü he

S. 19 **Aufg. 4:** waagerecht (von oben nach unten): LUFT SCHLAN GE; FA MI LI EN DRA MA; AUS SET ZEN; AN DE RE; MEN SCHEN AF FEN; BLIN KER; HE RUN TER RUT SCHEN; BE SCHAF FEN; senk-recht (von links nach rechts): DA MEN SCHU HE; MI NIS TER; SÄ EN; AUS SCHLA FEN; LUFT MA TRAT ZEN; BLIN ZELN; AN KER; GE SPENS TER STUN DE; RE GEN TROP FEN

S. 19 **Aufg. 5:** Strategie 1 „Mitsprechen": Höl len; Sup pe; Geis ter; Wir bel; Rat ten; Fut ter; Dec kel; Ban de; Ker ze; we ben; Jau che; Don ner; Gra ben; Ge schich te; Bra ten – Strategie 2 „Erst überlegen, dann mitsprechen": Hund → Hun de; Kräuter → Kraut; Hand → Hän de; Wind → Win de; Skelett → Ske let te; Mäuse → Maus; Sarg → Sär ge; Räuber → rau ben; räuchern → Rauch; Spinn → Spin ne; Fass → Fäs ser; Schlag → Schlä ge; Burg → Bur gen; Spuk → spu ken; Teufel → kein Wortverw. mit au

S. 20 **Aufg. 1:** vie len; stie ßen; rie si gen; da tie ren; lie ßen; Mit glie der; kon stru ie ren; Schwie rig kei ten; die ses

Aufg. 2: ie steht im Innern der Silbe; Neugier → neu gie rig; trieb → wir trie ben; Beispiel → Bei spie le; ließ → wir lie ßen; fiel → wir fie len; Krieg → Krie ge

S. 21 **Aufg. 3:** waagerecht: 5 **Zielkurve** → **Zie le** – Bindfäden → bin den; 7 Kindheit → Kin der – **Mietauto** → Mie ter; 8 Schildbürger → Schil de – **Schmierzettel** → schmie ren – 9 Wildpark → wil de; **Vielfraß** → vie le; 10 **Kriegsrat** → Krie ge – Kirchturm → Kir chen; senkrecht: 1 **Tiefschlaf** → Tie fe –Tippzettel → tip pen; 2 Windstärke → Win de – **Siegtreffer** → Sie ge; 3 **Spielleiter** → Spie le – Bildschärfe → Bil der – 4 **Liebling** → lie ben – Rotlichter → Lich ter; 6 **Tierschau** → Tie re – Blinddarm → Blin de

Aufg. 4: Fund → Fun de; Nordmänner → Nor den, Mann → Män ner; unterwegs → We ge; Angriff → An grif fe; taugte → wir tau gen; ho he; Werkzeug → Wer ke, Werkzeuge; schafft → wir schaf fen; Mannschaft → Mann schaf ten; ernähren → Nahrung

Aufg. 5: Jahre; dänische; später; Boot; Methoden; Kahn; Routen; Vorfahren; ernähren

S. 22 **Aufg. 1:** Wörter mit ie am Ende der Silbe: vie ler; wie; die; nie – Wörter mit ie im Silbeninnern: ziellos → Zie le; viel → vie le; Tier → Tie re; Lieblingsgetränke → lie ben; fiel → wir fie len; Tiefschlag → Tie fe

S. 23 **Aufg. 3:** Zitronenlimonade; Tiger; Termine; Berliner; Kino; Minuten; Dirigenten; Frisör; Detektive; Video; Idee; Risiko

Aufg. 4: Apfelsine; Biber; Gardine; Kamine; Margarine; Krokodile; Pirat; Klima; Spinat; Titel; Pilot; Lineal; Kusine; Kabine; Gitarre; Lawine; Maschine

Aufg. 5: Alphabetisch geordnet (Aufg. 3 und 4): Apfelsine, Berliner, Biber, Detektive, Dirigenten, Frisör, Gardine, Gitarre, Idee, Kabine, Kamin, Kino, Klima, Krokodile, Kusine, Lawine, Lineal, Margarine, Maschine, Minuten, Pilot, Pirat, Risiko, Spinat, Termine, Tiger, Titel, Video, Zitronenlimonade

Aufg. 6: Strategie 1: span nen den; A pol lo; trot te te; ziel los; Be trof fe nen; hat te; vol ler; Schlaf mit tel; Strategie 2: Auftritt → Auf trit te; Schnellstraße → schnel ler; Autounfall → Un fäl le; Glück → glüc ken; stellte → wir stel len; klappte → wir klap pen; soff → wir sof fen; Vorfall → Vor fäl le; satt → sat ter

Aufg. 7: Tigerjagd → ja gen; Lieblingsgetränk → er trank; er schlug → wir schlu gen; durstig → durs ti ger

S. 24 **Aufg. 1 und 2:** Adjektive auf „ -ig": anfällig → an fäl li ger; unruhig → un ru hi ger; wichtig → wich ti ger; hungrig → hung ri ger; traurig → trau ri ger; langweilig → lang wei li ger – Adjektive auf „-lich": allmählich → all mäh li che; ängstlich → ängst li cher; kränklich → kränk li cher; freundlich → freund li cher; unbeweglich → un be weg li cher; schrecklich → schreck li cher – Adjektive auf –isch: mürrisch → mür ri scher; fantastisch → fan tas ti scher; komisch → ko mi scher

S. 25 **Aufg. 3:** Anfall; Ende; Freund; Hunger; Langeweile; Trauer

Aufg. 4: waagerecht: 1 schattig; 3 kräftig; 6 schweinisch; 8 fleißig; 9 elektrisch; 11 regnerisch; 14 himmlisch; 15 kitschig; 16 geizig – senkrecht: 2 abergläubisch; 4 friedlich; 5 natürlich; 6 salzig; 7 witzig; 10 sonnig; 12 eisig; 13 riesig

Aufg. 5: schlaff → schlaf fer; sie sorgte → wir sor gen; unbeweglich → wir be we gen; blieb → wir blie ben; Kom post; überlebte → wir ü ber le ben

S. 26 **Aufg. 1:** Vorsilbe „ver-": verschwunden; versunken; verbringen; vertilgen; ver speist; versammeln; verdienten; Verstecke; verirren; verursachen – Vorsilbe „vor": vorbei; Vorliebe; vorher – Vorsilbe „voll-": vollständiger – Vorsilbe „viel-": vielfach; vielmehr

Aufg. 2: Mitsprechen: ver**schwunden**; ver **sun ken**; ver **brin gen**; ver **til gen**; ver **sam meln**; Ver **stec ke**; ver **ir ren**; ver **ur sa chen**; Vor **lie be**; vor **her**; viel **fach** – Erst überlegen, dann mitsprechen: voll**ständig** → Stand; ver**speist** → wir ver spei sen; ver**dienten** → wir ver die nen – Einprägen: vielmehr

S. 27 **Aufg. 3:** waagerecht: VOLLTREFFER; VOLLMOND; VIELSEITIG; VORFÜHRUNG; VORGESTERN – senkrecht: VORBAU; VORBEI; VOLLJÄHRIG; VOLLBREMSUNG; VORHIN; VIELFRAß; VERZEIHEN; VORFREUDE; VERLANGEN

Aufg. 4: 2 Verlängerungsprobe (2); 3 Ro bo ter spra che (1); 4 Ro bo ter spra che (1); 5 Verlängerungsprobe (2); 6 Ableitungsprobe (2), Probe auf ie (1); 7 Ro bo ter spra che (1); 8 Ro bo ter spra che (1); 9 Verlängerungsprobe (2), Ableitungsprobe (2); 10 Ableitungsprobe (2)

S. 28 **Aufg. 1:** Verbformen auf -t: kennt; macht; schmunzelt; schafft; legt; klemmt; stellt; rollt; knallt; bellt; denkt; sucht; bedrückt

Aufg. 2: Wortgitter (von oben nach unten): wir STEL LEN; SU CHEN; MA CHEN; KNAL LEN; DEN KEN; LE GEN; KEN NEN; SCHAF FEN; ROL LEN; BEL LEN; SCHMUN ZELN; BE DRÜC KEN; KLEM MEN

S. 29 **Aufg. 3:** Mitsprechen: pfif fi ge; Tü cke; Ge gen spie ler; Mau se fal le; un frei wil lig; mit ein an der – Erst überlegen, dann mitsprechen: Hände → Hand; überall → al le; Beispiel → das Beispiel, Bei spie le; heimlich → heim li che; unfreiwillig → unfrei will li ge; Gänge → Gang; Schränke → Schrank; Räume → Raum; zimperlich → zim per li che – Einprägen: Jerry; Versuch; Stuhl

Aufg. 4: 1 buch sta bie ren; 2 Mit glie der; 3 Flie sen; 4 schlie ßen; 5 schie len; 6 Nie te; 7 frie ren; 8 ver lie ren. Das Lösungswort heißt: fliehen.

S. 30 **Aufg. 1:** Verbformen mit t-Warnsignal: steht; passiert; zieht weg; bleibt; verletzt; bemüht; sieht; gibt; versteht; fleht; droht; geht; buht; singt; beleidigt; zeigt; zielt; geschieht; dreht

Aufg. 3: steht → ste hen; zieht weg → wir zie hen weg; bemüht → wir be mü hen; sieht → wir se hen; versteht → wir ver ste hen; fleht → wir fle hen; droht → wir dro hen; geht → wir ge hen; buht → wir bu hen; geschieht → ge sche hen; dreht → wir dre hen

S. 31 **Aufg. 4:** 1 Kuh; 2 Brü he; 3 Mü he; 4 Schuh; 5 Ru he; 6 Zeh; 7 Rei he; 8 Geweih; 9 Hö he; 10 früh; 11 mä hen; 12 we hen; 13 flie hen; 14 nä hen; 15 glü hen – Kuh → Kü he; Schuh → Schu he; Zeh → Ze hen; Geweih → Ge wei he; früh → frü her

Aufg. 5: passiert → passieren; gegnerisch → gegen; trans por tie ren; Übeltäter → Tat; Erfolg → Er fol ge; Schläge → Schlag; Auf Wie der se hen; Fäuste → Faust; knapp → knap per

S. 32 **Aufg. 2:** Wörter mit ä: Säfte → Saft; tätig → Tat; Äpfel → Apfel; Säcken → Sack; Autoanhängern → Anhang; Gärten → Garten; Blätter → Blatt; zerhäckselt → zerhacken; vergärt → gar; erwärmte → warm; länger → lang; lässt → wir las sen – Wörter mit äu: Bäumen → Baum; säubert → sauber; räumt → Raum

S. 33 **Aufg. 3:** Schläuche → Schlauch; Räuber → rauben; Beute → –; Säugling → saugen; Ungeheuer → –; Freund → –; Kräuter → Kraut; Eule → –; Fräulein → Frau; Keule → –; bereuen → –; äußerlich → außen; Freude → –; ausräuchern → Rauch; gläubig → glauben; eingezäunt → Zaun; Zähne → Zahn; Träume → Traum; Läufer → laufen; heute → –; Mäuse → Maus; Scheune → –; Gewässer → Wasser; streunen → –; Wälder → Wald; schlecht → –; Nächte → Nacht; steuern → –; sich rächen → Rache; heulen → –; Werkzeug → –; Äste → Ast; Fell → –; Nähe → nah. Lösungsbild: Eule

Aufg. 4: Einprägen: denn, wenn, dann. – lec ke re; Volldampf → vol ler; Säc ken; Ba de wan ne; Blät ter; Schred der; zerhäckselt → wir zer hac ken; Druck → wir drüc ken; gepresst → wir pres sen; Schüs sel; Flüs sig keit; kommt → wir kom men; stellt → wir stel len; Pres se; muss → wir müs sen; gefüllt → wir fül len; kann → kön nen; schmeckt → schmec ken; lässt → wir las sen; bes ser

S. 34 **Aufg. 2:** Feindschaft → Fein de; Gegenseitigkeit → ge gen sei ti ge; Erdhügel → Er de; Schädlinge → Scha den; blind → Blin de; erfolgreich → Er fol ge; Jagdtrieb → Jag den, Trie be; Feldrand → Fel der, Rän der; Grabhänden → Grä ber; Gartenfreund → Gar ten freun de; mordlustig → Mor de, lus ti ge; Mitleid → lei den; Untergrundbewohner → Grün de; Friedhofsruhe → Frie den

S. 35 **Aufg. 3:** waagerecht: (Von oben nach unten): selbst; Spukschloss; Klugheit; Kalbfleisch; Sieg-treffer; Zugvogel; Staubtuch; Halbzeit; Geldbörse; Hupton – senkrecht (von links nach rechts): unglaublich; Klebstoff; Schildbürger; Diebstahl; Pumpstation; Bindfaden; Kriegsrat; Sargdeckel; Windstärke; Weltmeister

Aufg. 4: beruht → be ru hen; Bud de lei; nützlich → nüt zen; Schädlinge → schaden; As seln; Jäger → ja gen; das Gehör; Jagdtrieb → Trie be; er stoppt → wir stop pen; Ziergärten → zie ren; Ra sen dec ke; Hall → hal len; Schrit te; er flieht → wir flie hen; die Tiefe; herrscht → Her ren

S. 36 **Aufg. 1:** Wörter mit s: rie si ge; bö se; Drü sen er kran kung; glä ser nen; Rei se; an ge wie sen – Wörter mit ß: hei ßen; Au ßen bec ken; an schlie ßen; au ßer dem; Au ßen sei ter; lie ßen

S. 37 **Aufg. 3:** las → lesen; Kreis → Krei se; Spaßvogel → Spä ße; schließlich → wir schlie ßen; ent-ließ → wir ent lie ßen

Aufg. 4: Fuß → Füße; Maus → Mäu se; Preis → Prei se, heiß → hei ßer; Floß → Flö ße, Fels → Fel sen; Strauß → Sträu ße; Laus → Läu se; Glas → Glä ser; Kloß → Klö ße

Aufg. 5: starb → star ben; die Lun gen ent zün dung; Schicksal → wir schic ken; schwamm → wir schwam men; Touristen: einprägen; gläsernen → Glas; Behälter → hal ten; Flugzeug → Flü ge; Flug zeu ge; kältere → kalt; Film pro du zen ten; Hauptdarsteller: einprägen; nahmen: einprägen; er schaffte → wir schaf fen

S. 38 **Aufg. 2:** hieß → wir hie ßen; vergaß → wir ver ga ßen; saß → wir sa ßen; aß → wir a ßen; Spieß → Spie ße; Süßspeisen → sü ße; verließ → wir ver lie ßen; ließ → wir lie ßen

S. 39 **Aufg. 5:** um zu zie hen; ver lie ßen; tunkte → wir tun ken; schmec ken; über reich te; Alltags-kleidung → al le, Ta ge; Gäste → Gast; lass → las sen; Aufwand → auf wän dig

S. 40 **Aufg. 1:** Wörter mit ss: Hoch was ser; nas se; müs sen; wis sen; las sen; fres sen; Lec ker bis sen; ver ges sen- Wörter mit ß: Fü ße; hei ßen; spa ßig; Stra ßen; au ßer; au ßer dem; ge nie ßen; Ma ßen

Aufg. 3: 1 Schlüs sel; 2 Stra ße; 3 bei ßen; 4 Ses sel; 5 Sü ßig kei ten; 6 Grü ße; 7 au ßen; 8 Schlös ser; 9 schlie ßen; 10 auf pas sen; 11 hei ße; 12 fas sen; 13 drei ßig; 14 Flüs se; 15 bü ßen; 16 auf spie ßen; 17 Spä ße. Redensart: einen Bock schießen

S. 41 **Aufg. 4:** doppelter Konsonant: Halligen; Brücken; Notfällen; angeschüttete; satt; Leckerbissen; Gummistiefel; vergessen – hörbares h innerhalb des Wortes: hohe; überstehen – ie: viele; Salzwiesen; genießen, Gummistiefel – ä und äu: Läden; Tagesgäste; Notfälle – Verb-formen auf –t: solltest; bewohnt; ragt; überschwemmt; – b/p/d/t,g/k am Silbenende: Hallig; Erdhügel, Zugvögel – Wörter mit s-Lauten: Salz wie sen; ge nie ßen; Lec ker bis sen; ver ges sen; Wörter mit v: viele; Zugvögel; vergessen - unhörbares h: bewohnt; thronen; Frühling- Wei-tere Wörter zum Einprägen: Boot; Herbst; Schlick

Aufg. 5: Mitsprechen: Hal li gen; Brüc ken; Not fäl len; ho he; an ge schüt te te; ü ber ste hen; vie le; Salz wie sen; ge nie ßen; Lec ker bis sen; Gum mi stie fel; ver ges sen – Erst überlegen, dann mitsprechen: solltest → wir sol len; Läden → La den; Tagesgäste → Gast; Notfälle → Notfall; Hallig → Hal li gen; ragt → wir ra gen; überschwemmt → ü ber schwem men; satt → sat ter; Zugvögel → Zü ge; Salz wie sen → s-Laut-Probe; ge nie ßen → s-Laut-Probe – Einprä-gen: Schleswig-Holstein; bewohnt; Boot; thronen; Frühling; Herbst; Zugvögel; Schlick; verges-sen

S. 42 **Aufg. 2:** (1) –, dieses; (2) dieses, welches; (3) –; dieses; (4) –, dieses; (5) dieses, welches

Aufg. 3: Bild: Schulgebäude mit Zugangsweg

S. 43 **Aufg. 4:** ändern → anders; Verbesserung → Ver bes se rung; (du) schielst → wir schie len; (du) hasst → wir has sen; (es) vertreibt → wir ver trei ben; Entspannungssessel → Ent span nungs ses sel; (er) lässt → wir las sen; langweiligste → lang wei li ger; Frühstücksbrot → frü her; Stüc ke; sie schmiert → wir schmie ren; (es) reißt → wir rei ßen; genießen → ge nie ßen

Aufg. 5: Caesar; Geburtsjahr; Handfritteuse; Ohrstopfen; (du) stöhnst; Thema; unbequem

S. 44 **Aufg. 1:** Anfass-Probe: Hunde; Hinterbeine; Vierbeiner; Herrchen; Zeitung; Pekinese; Freunde; Kinder; Zuhörer; Zähne; Wissenschaftler; Forscher; Stimmbänder; Papagei; Tier – Endbaustein-Probe: Zeitung; Deutlichkeit; Erklärung; Klugheit; Fernsehsendung

Aufg. 2: dem Herrchen; die Zeitung; der Pekinese; die Kinder; ein Zuhörer; einen Heulton; der Deutlichkeit; das Wunder; eine Erklärung; einer Form; der Stimmbänder; die Namen; ein Papagei; der Ruhm; das Tier; einer Fernsehsendung

Aufg. 3: die Hunde; die Minuten; die Hinterbeine; die Vierbeiner; die Vornamen; die Freunde; ein Trick; eine Hexerei; die Zähne; die Namen; die Wissenschaftler; die Forscher; das Talent; die Klugheit; der Preis; die Stimme – Andere Begleiter: mein; manche; mehrere; ihre; andere; drei; seiner; kein; keine; seine; diese; viele; einige; sein; seinen; seine

S. 45 **Aufg. 4:** Nomen: der Morgen, die Schüler, der Unterricht, der Lehrer, die Strafe, die Kinder, die Weise, die Klasse, die Trödler, der Klingelton, die Plätze, die Vorschläge, die Antwort. Lösungswort: Pünktlichkeit

Aufg. 5: dass (–) der Pekinese; Das (dieses) war kein Trick; das (dieses) Wunder; Das (dieses) hat nichts … zu tun; … das (dieses) Tier, das (welches) … aufgetreten ist.

Aufg. 6: unbeteiligter → wir be tei li gen; fletschte → wir flet schen (Ableitungsprobe) stieß → wir stie ßen (Verlängerungsprobe); größten → grö ßer (s-Laut-Probe); Wissenschaftler → Wis sen schaft ler (s-Laut-Probe); Erklärung → klar (Ableitungsprobe); Stimmbänder → Stim me, (Verlängerungsprobe); Band (Ableitungsprobe); Klugheit → klü ger (Verlängerungsprobe); übrigens → einprägen; Ruhm → einprägen; Fernsehsendung → Fern se hen (Verlängerungsprobe); heiser → hei ser (s-Laut-Probe)

S. 46 **Aufg. 2:** Verb. Der Artikel weist auf ein Nomen hin. 1 das Bespucken; 2 das Nachplappern; 3 das Benutzen; das Essen; 4 das Toben; 5 das Brüllen; 6 das Spielen; 7 das Anfressen; 8 das Schaukeln

S. 47 **Aufg. 3:** Nominalisierte Verben: 4:E; 6:S; 10:T; 2:R; 8:H; 11:Z; 5:N; 7:C; 9:U; 3:T; 1:A. Lösungswort: Artenschutz

S. 48 **Aufg. 1:** das Richtige: Artikel bezieht sich auf „Richtige"; die richtige Stimmung: Artikel bezieht sich auf „Stimmung" – Nominalisierte Adjektive: die Mutigen; die Großen; die Jüngeren; die Schwindelfreien; das Orientalische; die Hungrigen und Durstigen; die Übermütigen; im Dunkeln; ein Rot

S. 49 **Aufg. 2:** Der Tipp heißt: Kontrolliere dich.

Aufg. 3: Ro bo ter spra che: Höl le; Aus sicht; Stim mung; ge wal ti gen; O ri en ta li sche; Gon deln; Pom mes; Grüt ze; Was ser pis to len; Probe auf ie: lie ben; nie; rie si ge; Ableitungsprobe: Gebirgsbäche → Ge bir ge, Bach; schwebt → wir schwe ben; stärken → stark; feuriges → kein au-Verw ; Verlängerungsprobe: unglaublich → glau ben; Abgrund → Ab grün de; Wildwasserbahn → wil de; mag → mö gen; s-Laut-Probe: ra san te; Gro ßen; to sen den; Pi ra ten klau se; Spaß → Spä ße; ver ges sen; rie si ge; Einprägen: Achterbahn; Piranha; bequemen; Zauberpark

S. 50 **Aufg. 1:** Farne, Flechten und Moose; Insekten, gefährlichen Ameisen und Giftschlangen; klettern oder fliegen; Papageien, Zikaden, Baumfrösche und Brüllaffen; rufen, locken und warnen; das Singen, das Trillern, das Kreischen, das Brüllen und das Knarren

S. 51 **Aufg. 3:** Das Lösungswort heißt: Pfeilgiftfrosch.

Aufg. 4: Stockwerk → Stöc ke; stell → wir stel len; Erdgeschoss → Ge schos se; kön nen; wimmelt → wim meln; Obergeschoss → Ge schos se; Blät ter; tum meln; al le; müs sen; klet tern, kön nen; versperrt → wir ver sper ren; Brüllaffen → brül len, Af fen; loc ken; Tril lern; Brül len; Knar ren; überall → al le; Dachgeschoss → Dach ge schos se; er rei chen

Aufg. 5: gedeihen → ge dei hen; Raubtiere → rau ben, Tie re; Insekten → In sek ten; Geräusche → rauschen; Überständer → Überstand; Mieter → Mie ter

Aufg. 6: Nominalisierte Verben: das Singen; das Trillern; das Kreischen; das Brüllen; das Knarren. Nominalisiertes Adjektiv: das Grün

Aufg. 7: Etagen; gefährlichen; mehreren; Moose; Nahrung; wächst; Zikaden

S. 52   Aufg. 2
Der Begleitsatz (____) steht vor der direkten Rede (_ _ _):

Nr. des Satzes	Satzmuster	Satzart der direkten Rede: Aussage, Frage, Ausruf oder Aufforderung?
1	_____: „Bei _ _ _ _ _ _ _."	Aussage
5	_____: „Kraul _ _ _ _ _ _ !"	Aufforderung
7	_____: „Warum _ _ _ _ _ _ ?"	Frage

Summe der drei Satznummern: 13

Der Begleitsatz (____) steht hinter der direkten Rede (_ _ _):

Nr. des Satzes	Satzmuster	Satzart der direkten Rede
2	„_ _ _ _ _ !", meint _____.	Aussage
4	„_ _ _ _ _ ", vertraut _____.	Aussage
8	„_ _ _ _ _ ?", würde _____.	Frage

Summe der drei Satznummern: 14

Der Begleitsatz (____) ist in die direkte Rede (_ _ _) eingeschoben:

Nr. des Satzes	Satzmuster	Satzart der direkten Rede
3	„_ _ _ _ _ ", verrät_____, „denn _ _ _ _ _ ."	Aussage
6	„_ _ _ _ ", protestiert_____, wann _ _ _ _ ?"	Frage
9	„_ _ _ _ _ ", meint_____, „hör _ _ _ _ _ _ !"	Aufforderung

Summe der drei Satznummern: 18
Die Geheimzahl lautet: 13 14 18.

S. 53   Aufg. 3: könnten → wir kön nen; Boss → Bos se; wenn → einprägen; knurrt → wir knur ren; anstarrt → wir star ren an; stel le; ver rät; denn → einprägen; ableckt → wir lec ken ab; Wel len sit tich; schnur re; kommst → wir kom men; Männchen → Män ner; er ken ne; Blick → Blic ke;
Probe auf ie: neu gie rig; schle fe; Ka nin chen; pro tes tie ren;
Artikel-Probe: die Tiere; der Schoß; die Gefahr; die Räuber; die Tiere; der Kopf; die Pfoten; das Männchen; die Überlegenheit; der Blick